Franz Xaver Niemetschek

Wolfgang Amadeus Mozart

Sein Leben

elv

Niemetschek, Franz Xaver

Wolfgang Amadeus Mozart

Sein Leben

ISBN: 978-3-86267-365-0

Auflage: 1
Erscheinungsjahr: 2011
Erscheinungsort: Bremen, Deutschland

Europäischer Literaturverlag GmbH, Fahrenheitstr. 1, 28359 Bremen (www.elv-verlag.de).

Bei diesem Titel handelt es sich um den Nachdruck eines historischen, lange vergriffenen Buches aus dem Jahr 1808. Da elektronische Druckvorlagen für diesen Titel nicht existieren, musste auf alte Vorlagen zurückgegriffen werden. Hieraus zwangsläufig resultierende Qualitätsverluste bitten wir zu entschuldigen.

Die Nachwelt hat über den Rang bereits entschieden, der M o z a r t e n als Künstler gebührt. Einzig, unübertroffen steht er, ein Raphael seiner Kunst, unter den glorreichen Genien H ä n d e l , C i m a r o s a , G l u c k , H a y d e n , oben an; sein Ruhm erfüllt die ganze gebildete Welt.

Aber M o z a r t als Mensch ist nicht minder interessant: die frühe Entwicklung und die schnelle Reife seines wunderbaren Genies biethet dem Forscher der menschlichen Natur lehrreichen Stoff zum Nachdenken dar. In beider Hinsicht darf sich diese biographische Skizze versprechen der Aufmerksamkeit des Publikums nicht unwerth zu seyn.

Inhaltsverzeichnis

I. Die Jugend Mozarts.	1
II. Mozart als Mann.	24
III. Mozart als Künstler und Mensch.	55
IV. Nachricht von Mozarts Werken.	88

I. Die Jugend Mozarts.

Der Vater dieses außerordentlichen Genies, Leopold Mozart, war der Sohn eines Buchbinders zu Augsburg; er studirte zu Salzburg, und kam im Jahre 1743 als Hofmusikus in die fürstl. Kapelle. Sein Talent verbunden mit einem rechtschaffenen Charakter verschaffte ihm 1762 die Stelle des zweiten Kapellmeisters. Er war mit Anna Bertlinn verheurathet; beyde waren von einer so vortheilhaften Körpergestalt, daß man sie zu ihrer Zeit für das schönste Ehepaar in Salzburg hielt.

Leopold Mozart beschäftigte sich mit dem Hofdienste, die übrigen Stunden wendete er auf Komposition und Violinunterweisung. Welch ein vorzüglicher Kenner dieses Instruments er gewesen sey, beweiset die allgemein bekannte V i o l i n s c h u l e, die er 1766 herausgab, und die im Jahre 1770, und zu unserer Zeit das drittemal in Wien aufgelegt wurde.

Er zeugte 7 Kinder; aber nur 2 blieben am Leben; ein Mädchen und ein Knabe. Der Sohn der im Jahr 1756 am 27sten Jänner gebohren ward, hieß Wolfgang Gottlieb, oder A m a d e u s ; die Schwester, die älter war, Maria Anna.

Da der Vater bald an den beyden Kindern ein vorzügliches Talent zur Musik bemerkte, so gab er alle Lektionen und auswärtige Geschäfte außer seinem Dienste auf, und widmete sich ausschließlich der musikalischen Erziehung dieses Kinderpaares.

Dieser vortrefflichen Leitung muß der ungewöhnlich hohe Grad der Vollkommenheit, zu dem Mozarts Genie sich so bald empor schwang, zugeschrieben werden. Die Natur vermag freylich viel – aber verwahrlost, oder zu einer andern Richtung gezwungen, verliert sie vieles von ihrer ursprünglichen Kraft. Auf die ersten Ideenreihen und Eindrücke kommt es bekanntermaßen bey der Erziehung der Kinder am meisten an; denke man sich nun ein so großes natürliches Talent, als Mozart besaß, in so günstigen Umständen, so wird man bald von dem Erstaunen, in welches uns das Unbegreifliche seiner Aeußerungen und Begebenheiten versetzt, zurück kommen, und den Thatsachen, die ich zu erzählen im Begriffe bin, gern Glauben beimessen. Die ersten Eindrücke, die sein Ohr auffaßte, waren Harmonien und Gesang; Musik waren die ersten Worte und Ideen, die er begriff! So mußte der himmlische Funke, den die Gottheit in den Busen dieses den Tönen geweihten Knaben gelegt hatte, sehr früh aufwachen und in helle Flammen schlagen. Die gründlichen Kenntnisse seines sorgsamen Vaters kamen überall dem aufwachenden Genie entgegen; so wuchs er auf, so reifte er schneller, als die bloße Natur zu reifen vermag.

Mozart war eben 3 Jahr alt, als seine 7 jährige Schwester den ersten Unterricht auf dem Klaviere bekam; und hier äußerte sich zuerst das Genie des Knaben. Er setzte sich oft freywillig zu dem Klavier und beschäftigte sich stundenlang mit der Zusammenstimmung der T e r z e n, die er dann, wenn er sie fand, anschlug, und in lebhafte Freude ausbrach. Nun fing also der Vater an ihm leichte Stücke spielend beyzubringen; und er fand zu seinem freudevollen Erstaunen, daß der Schüler alle menschliche Erwartung übertraf; er lernte gewöhnlich in einer Stunde ein Menuet, oder ein Liedchen, und trug es dann mit dem angemessenen Ausdrucke vor.

Jeder Leser wird es wahrscheinlich finden, wenn ich sage, daß der kleine Mozart, das lebhafteste Temperament, und ein sehr zärtliches Gefühl hatte. Seinen kindischen Spielen ergab er sich mit einer Innigkeit, die ihn auf alles übrige vergessen ließ, und Liebe für alle Personen die um ihn waren, oder sich mit ihm abgaben war sein herrschender Hang; er fragte jeden, der mit ihm umgieng, ob er ihn lieb habe, und vergoß gleich Zähren, wenn man es scherzweise verneinte.

Ueberhaupt ergab sich Mozart schon als Kind und Knabe allen Dingen und Personen, an denen sein Geist Interesse fand, mit der ganzen warmen und lebhaften Innigkeit, deren ein so zartorganisirter Mensch fähig ist. Dieser Zug blieb stets auch an dem Manne das unterscheidende Merkmal – und war oft sein Unglück.

Im 6ten Jahre kam er schon in der Musik so weit, daß er selbst kleine Stücke auf dem Klavier komponirte, die dann sein Vater in Noten setzen mußte. Von diesem Zeitpunkte an empfand er nichts so lebhaft, als Töne, und jede andere Spielerey, die sonst Kinder freut, war ihm gleichgiltig, sobald nicht Musik dabey war.

Die täglichen Fortschritte die er darinn machte, setzten oft den Vater, der doch beständig um ihn war, und jeden Schritt beobachtete, in das überraschendeste Erstaunen; denn es waren nicht Fortschritte eines gewöhnlichen geschickten Lehrlings, sondern Riesenschritte eines Genies, dessen Größe selbst sein Vater und Erzieher nicht ahnden konnte, weil seine Entwickelung und Aeußerung auch den größten Erwartungen zuvor kam. Folgende Begebenheit, die auch Schlichtegroll in seinem Nekrolog erzählt, und die mir von mehreren Personen bestättiget wurde, mag zum Beweise dienen.

Als Wolfgang ungefähr im 6ten Jahre seines Alters war, kam einst sein Vater, aus der Kapelle mit einem Freunde nach Hause zurück; sie trafen den kleinen Tonkünstler mit der Feder in der Hand beschäftigt an. Der Vater fragte ihn was er denn mache.

W o l f g . Ein Conzert fürs Klavier.

V a t . Laß sehen; das wird wohl was Sauberes seyn.

W o l f g . Es ist noch nicht fertig.

Nun nahm es der Vater in die Hand, und fand ein Geschmiere von Noten und ausgewischten Tintenflecken; denn der kleine Komponist wußte mit der Feder noch nicht recht umzugehen; er tauchte sie zu tief in der Tinte ein und machte dann freylich immer Flecke auf das Papier, die er mit der Hand auswischte, und so weiter darauf fortschrieb. Als aber der Vater etwas aufmerksamer die Komposition betrachtete, blieb sein Blick vom angenehmen Erstaunen und einer unbeschreiblichen Rührung darauf gefesselt, und helle Thränen der Freude traten in seine Augen.

Sehen Sie Freund! sprach er dann lächelnd, wie alles richtig und nach den Regeln gesetzt ist; nur kann man es nicht brauchen, weil es so schwer ist, daß es sich nicht spielen läßt.

W o l f g . Dafür ist es auch ein Konzert; man muß so lange exerzieren, bis man es heraus bringt. Sehen Sie, so muß es gehen.

Hier fieng er es an zu spielen, konnte aber auch selbst kaum so viel vorbringen, als man erkennen konnte, was seine Gedanken gewesen sind. Denn er hatte die Meynung, ein Conzert spielen, und Mirakel wirken sey alles eins.

Zu dieser Zeit hatte es der Knabe schon so weit in der Musik gebracht, daß der Vater ohne Bedenken auch das Ausland zum Zeugen der außerordentlichen Talente seines Sohnes machen konnte.

Die erste Reise, die er mit ihm und seiner Schwester unternahm, war nach München, im Jahre 1762. Hier spielte Wolfgang vor dem Churfürsten ein Conzert, und erndete sammt seiner Schwester die größte Bewunderung ein.

Die zweyte Reise geschah im Herbste des nemlichen Jahres, also auch im 6ten Jahre seines Alters nach Wien, wo die beyden kleinen Virtuosen dem kaiserlichen Hof vorgestellet wurden.

Eine verehrungswürdige Dame, die damals am Hofe war, versicherte mich, daß beyde Kinder ein allgemeines Erstaunen erregt haben; man konnte kaum seinen Augen und Ohren trauen, wenn sie sich produzirten. Vorzüglich hat der verewigte Schätzer der Künste, Kaiser Franz I. an dem kleinen Hexenmeister, (wie er ihn scherzweise nannte,) viel Wohlgefallen gefunden. Er unterhielt sich vielmal mit ihm. Alle Anekdoten die Herr Schlichtegroll bey dieser Gelegenheit erzählet, sind mir als wahr bestättiget worden.

Der Kaiser hat unter andern mit ihm gescherzt, es seye wohl keine so außerordentliche Kunst zu spielen; wenn man auf die Klaviatur schauen kann, aber bey verdeckter Klaviatur – das wäre etwas? Mozart war damit nicht in Verlegenheit gesetzt: er läßt sich die Klaviatur bedecken und spielt eben so gut, wie vorher.

Auch dieß sey noch nichts besonderes, versetzte der Kaiser, wenn man mit allen Fingern spielt; aber mit einem einzigen zu spielen, das wär erst Kunst.

Auch diese Zumuthung machte den Knaben nichts weniger als verlegen – er versuchte es mit Entschlossenheit auf der Stelle, und spielte zur Verwunderung mehrere Stücke auf diese Art mit Nettigkeit aus. Schon damals äußerte er einen Charakterzug, der ihm stets eigen geblieben ist; nemlich die Verachtung alles L o b e s der Großen, und eine gewisse Abneigung vor Ihnen, wenn sie nicht Kenner zugleich waren, zu spielen. Mußte er es dennoch, so spielte er nichts als Tändeleyen, Tanzstücke u. d. gl. unbedeutende Sachen. Aber, wenn Kenner zugegen waren, so war er ganz Feuer und Aufmerksamkeit.

Diese Eigenheit behielt er bis zu seinem Tode, wie wir es bey seinem dreymaligen Aufenthalt in Prag sehr oft erfahren haben.

So geschah es auch damals bey dem Kaiser Franz. Als er sich zum Klavier setzte um ein Konzert zu spielen, und der Kaiser bey ihm stand, sagte Mozart: »Ist Herr Wagenseil nicht hier? der versteht es.« Wagenseil kam, und der kleine Virtuose sagte:»Ich spiele ein Conzert von Ihnen, Sie müssen mir umwenden.«

Auch folgende Anekdote kann vielleicht zu seiner Schilderung beitragen.

Unter allen Erzherzoginnen nahm ihn Antoinette, die nachmalige Königinn von Frankreich am meisten ein, und er hatte eine besondere Zärtlichkeit für sie. Als er einst in den Zimmern der höchstseligen Kaiserinn Maria Theresia war, und von den kleinen Prinzen und Prinzessinnen herum geführt wurde, hatte er das Unglück, des Gehens am geglätteten Fußboden ungewohnt, zu fallen. Niemand war geschäftiger ihm beyzuspringen und aufzuhelfen, als die kleine Erzherzoginn Antoinette; dieß rührte sein kleines Herz so sehr, daß er gerade zu der Monarchin eilte, und mit viel Begeisterung die Güte des Herzens dieser Prinzessinn erhob. Wer hätte einem solchen Kinde nicht gut werden sollen?

Die beyspiellose Fertigkeit, mit welcher er das Klavier behandelte, und der hohe Grad der Kenntniß der Kunst, die er in einem Alter erreichte, wo Kinder sonst noch kaum einen Kunsttrieb äußern, war bewundernswürdig genug; ja es ließ sich wohl kaum etwas Größers erwarten. Aber der wunderbare Geist der Töne, der in ihn von dem Schöpfer gelegt ward, schritt alle gewöhnliche Schranken über, und ging, da er einmal erwacht war, allem Unterrichte voran. Was man ihn lehren wollte, das war seinem Geiste schon wie bekannt, und er schien sich nur daran zu besinnen!

Der Unterricht diente ihm also nur als Reizmittel, und zur Berichtigung des Geschmackes.

M o z a r t spielte bisher kein anderes Instrument als das Klavier; aber er konnte auch schon geigen, bevor es sein Vater wahrnahm, oder ihm irgend eine Anweisung auf der Violine gegeben hatte. Ich will den Vorfall, der dieses offenbarte mit den Worten des Nekrologes erzählen. – »Mozart hatte aus Wien eine kleine Geige mitgebracht, die er dort geschenkt bekommen hatte. Kurz als die Familie wieder nach Salzburg zurück gekehrt war, kam W e n z l ein geschickter Geiger und Anfänger in der Komposition zu dem Vater Mozart, und bath sich dessen Erinnerungen über 6 Trios aus, die er während der Abwesenheit der Mozartischen Familie gesetzt hatte.«

»S c h a c h t n e r , ein noch lebender Hoftrompeter in Salzburg, den der kleine Mozart besonders liebte, war eben gegenwärtig. Der Vater,« so erzählte dieser glaubwürdige Augenzeuge, »spielte mit der Viola den Baß, Wenzl die erste Violin, und ich sollte die zweyte spielen. Der kleine Wolfgang bath, daß er doch die zweyte Violin spielen dürfte. Aber der Vater verwieß ihm seine kindische Bitte, weil er noch keine ordentliche Anweisung auf der Violin gehabt hätte und daher unmöglich etwas Gutes herausbringen könnte. Der Kleine erwiederte, daß, um die 2te Violin zu spielen man es ja wohl nicht erst gelernet zu haben brauche; aber der Vater hieß ihn halb in Unwillen davon gehen und ihn nicht weiter stören. Der Kleine fing an bitterlich zu weinen, und lief mit seiner kleinen Geige davon. Ich bath, man möchte ihn doch mit mir spielen lassen; endlich willigte der Vater ein, und sagte zu ihm: Nun so geige nur mit Herrn Schachtner, jedoch so stille, daß man dich nicht höre, sonst mußt du gleich fort. Wir spielten und der kleine Mozart geigte mit mir, doch bald bemerkte ich, daß ich da ganz überflüssig sey. Ich legte meine Geige weg und sah den Vater an, dem bey dieser Scene Thränen der gerührten Zärtlichkeit aus dem väterlichen Auge über die Wangen rollten. So spielte Wolfgang alle 6 Trios durch. Nach deren Endigung wurde er durch unsern Beyfall so kühn, daß er behauptete, auch die erste Violin spielen zu können. Wir machten zum Scherz einen Versuch, und mußten herzlich lachen, als er auch diese, wiewohl mit lauter unrechten und unregelmäßigen Applikaturen, doch aber so spielte, daß er nie völlig stecken blieb.«

Mit welcher bewundernswürdigen Genauigkeit sein Ohr auch den feinsten Unterschied der Töne maß, wie unglaublich sicher sein Gedächtniß Töne behielt, beweiset folgender Vorfall, der sich fast um gleiche Zeit ereignete.

S c h a c h t n e r , der erwähnte Freund des Mozartschen Hauses, und der Liebling des kleinen Wolfgangs, besaß eine Violin, die dieser ihres sanften Tones wegen vorzüglich liebte, und die Buttergeige nannte. Er spielte eines Tages darauf. In einigen Tagen kam Schachtner wieder, und traf den Wolfgang auf seiner eigenen kleinen Geige phantasirend an.

»Was macht ihre Buttergeige?« sagte Wolfgang und fuhr in seiner Phantasie fort. Nach einer kleinen Pause, wo er sich auf etwas zu besinnen schien, sagte er weiter:

Wenn sie aber nur ihre Geige immer in gleicher Stimmung ließen; sie war das letztemal, als ich auf ihr spielte, um einen Viertelton tiefer, als meine da. Man lächelte über diese dreiste Behauptung in einer Sache, wo das geübteste Künstlerohr kaum einen Unterschied zu bemerken im Stande ist.

Der Vater aber, der schon oft durch ähnliche Aeußerungen des großen Tongefühls seines Sohnes überrascht wurde, hält es der Mühe werth die Angabe zu prüfen. Die Geige wird gebracht, und zum allgemeinen Erstaunen traf die Angabe mathematisch richtig ein.

Bey allen diesen Fertigkeiten, bey diesem

außerordentlich großen Talent, besaß der kleine Mozart einen Fleiß, der für seinen zarten Körperbau vielleicht zu groß war. Man mußte ihn Abends vom Klavier wegrufen, oft mit Ernst wegjagen, sonst hätte ihn die aufgehende Sonne vielleicht noch bey demselben angetroffen.

Diese Vergessenheit seiner selbst, wenn er sich mit Musik beschäftigte, blieb ihm bis an sein Ende eigen; er saß täglich am Fortepiano bis in die späte Nacht. Ein sicheres Kennzeichen des Genies, welches seinen Gegenstand immer mit der ganzen Kraft der Seele umfaßte, und seiner selbst vergaß.

Man darf jedoch nicht glauben, daß er nicht auch zu andern Sachen fähig war; alles was er lernte, begriff er leicht, und ergab sich dem Gegenstande mit einem Eifer und Feuer, dessen Grund in seiner empfindsamen Organisation lag. So bemahlte er Stühle, Tische und den Fußboden mit Ziffern, als er rechnen lernte, und dachte und redete von nichts andern, als von arithmetischen Aufgaben; er ward nach der Zeit einer der geübtesten Rechenmeister.

Dabey war er so gehorsam und nachgiebig gegen seine Eltern, daß man nie sinnlicher Strafen bedurfte, und daß er selbst keine Eßwaare ohne Erlaubniß des Vaters annahm oder verzehrte.

Sobald sein großes Talent etwas bekannt wurde, so mußte er oft ganze Tage sich vor Fremden hören lassen: und doch zeigte er nie Unwillen, wenn ihn der Befehl seines Vaters wieder an das Klavier gehen hieß. Gegen seine Gespielen war er immer voll Freundlichkeit und Wohlwollen, und hieng an ihnen mit der ganzen großen Zärtlichkeit seines Herzens; selbst in kindischen Unterhaltungen zeigte sich sein Geist der Musik, von der immer etwas mit dabey seyn mußte.

Im siebenten Jahre seines Alters, das ist, im Jahr 1763 machte Mozart mit seinen beyden Kindern die erste größere musikalische Reise in Deutschland. Durch diese wurde der Ruhm des jungen Meisters allgemein verbreitet. Er zeigte seine Talente und Fertigkeiten vorzüglich in M ü n c h e n , wo er auch ein Violin-Konzert vor dem Churfürsten spielte und dazu aus dem Kopfe präambulirte; dann in A u g s b u r g , M a n h e i m , M a i n z , F r a n k f u r t , K o b l e n z , K ö l l n , A c h e n und B r ü s s e l .

Von da giengen sie im November nach Frankreich, wo sich die Familie 21 Wochen aufhielt. Zu Versailles ließ sich der kleine 8 jährige Mozart in der königl. Kapelle vor dem Könige und dem ganzen Hofe auf der Orgel hören. Man schätzte zu dieser Zeit sein Orgelspiel noch höher als das Klavierspiel.

In Paris gaben sie zwei Akademien fürs Publikum, wovon die Folge war, daß alsogleich der Vater sammt den beyden Kindern in Kupfer gestochen erschienen, und daß man allgemein in Bewunderung und Lobeserhebung derselben wetteiferte. Hier gab auch Wolfgang Mozart seine ersten Kompositionen in Stich heraus. Das erste Werk dedicirte er der Madame Viktoire, der zweyten Tochter des Königs, das andere der Gräfinn Tesse. Es sind Sonaten für das Klavier.

Von Paris ging die Familie den 10. April 1764 nach England. Noch in demselben Monate ließen sich die Kinder vor der königlichen Familie hören; so auch im folgenden, wobei zugleich Mozart auf der Orgel des Königs spielen mußte. Darauf gaben sie ein großes Konzert für das Publikum zu ihrem Besten; ein anderes zum Nutzen des Hospitals der Wöchnerinnen: in beyden waren alle Sinfonien von der Komposition des Sohnes. Dann spielten sie noch einmal vor dem König und dem vornehmsten Adel.

Der ungewöhnliche Beyfall und die Bewunderung, zu welcher solche Wundertalente das Publikum überall hingerissen haben, waren für den jungen Mozart Antrieb und Reiz sich immer vollkommener zu machen. Er sang auch mit der größten Empfindung Arien – und es war gewiß ein rührendes Schauspiel dieses kleine Virtuosenpaar auf 2 Klavieren konzertieren, oder im Gesange wetteifern zu hören! der Sohn war schon so weit in der Kunst gekommen, daß er die schwersten Stücke von den größten Meistern vom Blatte wegspielen konnte; in Paris und London legte man ihm Sachen vom H ä n d e l und B a c h vor, die er mit Akkuratesse und dem angemessenen Vortrage zur Verwunderung jedes Kenners vom Blatt wegspielte.

Als er bei dem Könige von England spielte, legte man ihm unter andern einen b l o ß e n

Baß vor, wozu er auf der Stelle eine vortreffliche Melodie erfand und zugleich vortrug.

Während dieses Aufenthalts in England schrieb er 6 Klavier-Sonaten, die er in London stechen ließ und der Königin dedizirte.

Den Sommer des Jahrs 1765 brachte die Familie in Flandern, Brabant und Holland zu. Während einer gefährlichen Krankheit, (Blattern waren es), welche die beyden Kinder einige Monathe lang auf das Krankenbette fesselte, fing Wolfgang andere 6 Klavier-Sonaten an; und als er sie nach der Krankheit vollendet hatte, ließ er sie stechen, und dedizirte sie der Prinzessin von Nassau-Weilburg. In dieser Krankheit zeigte sich die immer rege Thätigkeit seines harmonischen Geistes sehr auffallend: denn da er das Bette nicht verlassen durfte, so mußte man ihm ein Brett über das Lager richten, auf welchem er schreiben konnte; und selbst als seine kleinen Finger noch voll Pocken waren, konnte man ihn kaum vom Spielen und Schreiben abhalten. Diese Anekdote ist aus dem Munde eines sehr glaubwürdigen Zeugen.

Zu dem Installationsfeste des Prinzen von Oranien, im Anfange des Jahrs 1766, setzte der junge Mozart einige Sinfonien, Variationen und Arien.

Nachdem er einigemal bey dem Erbstatthalter gespielt hatte, gieng die Familie wieder nach Frankreich, blieb einige Zeit in Paris, und reiste über Lyon und die Schweiz nach Schwaben, wo sie einige Zeit in Donaueschingen bey dem Fürsten von Fürstenberg verweilten, und dann zu Ende des Jahrs 1766 nach einer Abwesenheit von 3 Jahren wieder in Salzburg eintrafen.

Hier blieb nun die Mozartische Familie mehr als ein Jahr in Ruhe. Diesen Zeitraum der Musse wendete der junge Künstler auf das höhere Studium der Komposition, deren größte Tiefen er nun bald ergründet hatte. E m m a n u e l B a c h , H a s s e und H ä n d e l waren seine Männer – ihre Werke sein unablässiges Studium! Er vernachlässigte auch nicht die alten italienischen Meister, deren Vorzüge in Rücksicht der Melodie und der Gründlichkeit des Satzes so auffallend gegen die heutigen Italiener abstechen. So schritt er immer näher zu der Stufe der Vollkommenheit, auf der ihn bald darauf die Welt als eine seltene Erscheinung erblickte.

Im folgenden Jahre 1768 gieng Mozart nach Wien und spielte vor dem Kaiser J o s e p h , der dem 12jährigen Knaben den Auftrag gab, eine *Opera buffa* zu schreiben. Sie hieß *La finta semplice*, und erhielt den Beyfall des Kapellmeisters Hasse und Metastasios, wurde aber nicht aufgeführt.

Bey diesem Aufenthalte zu Wien war er oft bey dem Dichter Metastasio, der ihn sehr liebte, bey dem Kapellmeister Hasse und dem Fürsten Kaunitz; hier gab man ihm oft die erste beste italienische Arie, zu welcher Wolfgang auf der Stelle in Gegenwart aller Anwesenden die Musik mit allen Instrumenten setzte. Dieses Faktum bestättigen mehrere noch lebende verehrungswürdige Zeugen, aus deren Mund ich die Anekdote gehört habe.

Zu der Einweihung der Kirche des Waisenhauses, welche zu dieser Zeit gefeyert wurde, komponirte der zwölfjährige Meister Mozart die Kirchenmusik, und dirigirte ihre Aufführung in Gegenwart des ganzen kaiserlichen Hofes.

Das Jahr 1769 brachte er mit seinem Vater in Salzburg zu, theils in vollkommener Erlernung der italienischen Sprache, theils in der Fortsetzung des höhern Studium seiner Kunst. In demselben Jahre wurde er zum Konzertmeister bey dem Salzburgischen Hofe ernannt.

Mozart hatte nun die ansehnlichsten Länder Europens gesehen; der Ruhm seines großen, früh gereiften Künstlertalents blühte bereits von den Ufern der Donau bis zur Seine und der Themse hin; aber er war noch nicht in dem Vaterlande der Musik gewesen. Italiens Beyfall und Bewunderung mußte erst der Urkunde seines Ruhmes das Siegel aufdrücken. Auch war es seinem nach Vollkommenheit strebenden Geiste daran gelegen, die Blüthe der Tonkunst – den Gesang in seinem natürlichen Boden zu beobachten, und die vielen großen Männer, die damals noch Italiens Ruhm in der Musik stützten, zu kennen – und von ihnen zu lernen.

Im Dezember des nämlichen Jahres verließ also Mozart blos in Begleitung seines Vaters, Salzburg. Sein erster Aufenthalt war Inspruck, wo er in einer Akademie bey dem Grafen Künigl ein Konzert *primi vista* mit vieler Leichtigkeit spielte. Von da giengen sie nach Mailand.

Hatte in Frankreich und England sein großes Genie und die seltenen Kunst-Fertigkeiten Bewunderung erregt, so war es in Italien feuriger Enthusiasmus, mit dem man ihn aufnahm und erhob! Selbst der mächtige Nationalstolz, und das Vorurtheil des Ultramontanismus wich besiegt von den glänzenden Talenten des 12 jährigen Knaben; er schien eine Erscheinung vom Himmel, ein höherer Genius der Tonkunst zu seyn!

So groß war die Ueberlegenheit seines Genies, daß ihm zu Mailand nach einigen öffentlichen Proben seiner Kunst, gleich die *Scrittura* zu der *Opera seria* für den künftigen Karneval 1771 gegeben ward. Von da reisete er schon im März 1770 nach Bologna – eine Stadt die nebst Neapel den größten Ruhm der Musik hatte.

Hier fand der junge Künstler einen enthusiastischen Bewunderer an dem berühmten Kapellmeister Pater M a r t i n i, [1] dem größten Kontrapunktisten und einem berühmten Schriftsteller in der Musik. Künstler von wahrem Verdienst ehren einander überall! Auch haben es die Italiener nicht nur an Mozart, sondern auch an unserm Landsmann Misliweczek bewiesen, daß sie große Talente, wenn sie auch außer Italien entsprossen sind, zu schätzen verstehen. Wie groß war die Achtung, in der dieser berühmte Böhme in Neapel und Rom stand?

Abbate M a r t i n i war nebst den andern

Kapellmeistern außer sich vor Bewunderung, als der junge Mozart über jedes Fugenthema, das ihm Martini hinschrieb, die gehörige Eintheilung und Disposition nach der ganzen Strenge der Kunst angab, und die Fuge augenblicklich auf dem Klavier ausführte.

Zu Florenz fand man bey seiner Gegenwart alles, was der Ruf von seinen Talenten sagte, zu gering, als Mozart bey dem *Marchese Ligneville* ebenfalls einem großen Kontrapunktisten, jedes angegebene Thema auf der Stelle vortrefflich ausführte – jede vorgelegte Fuge, mit einer Leichtigkeit vom Blatte wegspielte, als hätte er sie selbst komponirt. Und wie wahr es ist, daß trefliche Geister einander verstehen und ihre Verwandschaft bald anerkennen, zeuget die Bekanntschaft, die Mozart hier in Florenz mit einem jungen Engländer T h o m a s   L i n l e y , einem Knaben von 14 Jahren gemacht hatte. Er war der Schüler des berühmten Violonisten Nardini, schon selbst Virtuose und Meister seines Instrumentes. Sie wurden bald innige vertraute Freunde; ihre Freundschaft aber war nicht Knaben Anhänglichkeit, sondern die Zärtlichkeit zweyer tieffühlenden, übereinstimmenden Seelen! sie achteten sich als Künstler, und führten sich auf wie Männer! Wie bitter war ihnen der Tag ihrer Trennung? Linley brachte Mozarten am Tage der Abreise noch ein Gedicht, das er von der Dichterin C o r i l l a auf ihn hatte verfertigen lassen, schied unter vielen Umarmungen und Thränen von ihm, und begleitete seinen Wagen unter beständigen Aeußerungen der zärtlichsten Betrübniß bis vor die Stadt.

Von Florenz reisete Vater und Sohn nach Rom; sie kamen eben in der Charwoche an. Hier hatte nun Mozart Gelegenheit genug die vielen Meisterstücke der erhabensten Kirchenmusik zu hören, die in dieser heiligen Zeit bey der ernsten Feyer der Welterlösung aufgeführt werden. Den ersten Rang darunter verdiente das berühmte M i s e r e r e , welches Mittwochs und Freytags diese Woche in der sixtinischen Kapelle blos von Vokalstimmen gesungen wird, und das in dem e r h a b e n e n ,   f e y e r l i c h e n   Kirchengesange das *non plus ultra* der Kunst seyn soll; so zwar daß es den päpstlichen Musikern unter der Strafe der Exkommunikation verbothen ward, eine Kopie davon zu machen.

Dieß gab dem jungen Mozart den Gedanken ein, bei der Anhörung desselben recht aufmerksam zu seyn, und es dann zu Hause aus dem Gedächtnisse aufzuschreiben. Es gelang ihm über alle Erwartung; er nahm den Aufsatz am Charfreytage zur Wiederholung desselben mit, um im Stande zu seyn Verbesserungen zu machen, und das Mangelhafte zu ergänzen.

Bald verbreitete sich der Ruf davon in Rom, und erregte allgemeines Aufsehen und Erstaunen; besonders, da es Mozart in einer Akademie aufführte, wobey der Kastrat Christophori zugegen war, welcher es in der Kapelle gesungen hatte, und durch sein Erstaunen Mozarts Triumph vollkommen machte.

Wer es einsieht, welchen Aufwand von

Kunst eine so vielstimmige, kritische Choralmusik erfodert, der wird mit Recht durch diese Begebenheit in Erstaunen gesetzt. Welch ein Ohr, Gedächtniß, Tongefühl – welche Kenntniß des Satzes war das, die vermögend war, ein solches Werk sogleich zu fassen und so vollkommen zu behalten? Dieß zu können, mußte ein höheres Maß von Kräften vorhanden seyn, als man gewöhnlich anzutreffen pflegt.

In Neapel, wohin er sich aus Rom begab, fand Mozart nicht weniger Bewunderer, als in den andern Städten Italiens; denn jeder unbefangene Zuhörer mußte seinem Genie huldigen. Mozart riß später als Mann mit der Allgewalt seiner Kunst jedes gefühlvolle Herz hin: was mußte den Zuhörern in Italien geschehen, die einen Knaben sahen und den vollendetsten Künstler hörten? – Sie hielten ihn für einen Zauberer: der war nun Mozart freylich: aber die magische Kraft lag nicht in seinem Ringe, wie man in Neapel wähnte; denn als er ihn auf Verlangen der Zuhörer weglegte, war sein Spiel nicht weniger bezaubernd, als zu vor. Man denke sich nun das Erstaunen und die Bewunderung der lebhaften Italiener? Von Neapel kehrte Mozart, mit einem Rufe, der nur s e l t e n einem Künstler vorangeht, nach Rom zurück. Der Papst durch alle die Wunder der Kunst aufmerksam gemacht, wollte den jungen Kapellmeister sehen. Er ward ihm vorgestellt, und erhielt das Kreuz und Breve als Ritter *militiae auratae*.

Auf seiner Rückreise von Rom nach Mayland, hielt er sich wieder eine kurze Zeit zu Bologna auf, wo er mit einstimmiger Wahl als Mitglied und Maestro der philharmonischen Akademie aufgenommen wurde. Zur Prüfung bekam er eine vierstimmige Fuge im Kirchenstil auszuarbeiten; man schloß ihn deshalb in ein Zimmer ganz allein ein. Er war damit in einer halben Stunde fertig und erhielt das Diplom.

In allen diesen Städten wurden ihm Opern-Akkorde für den nächsten Fasching angetragen; da er aber bereits für Mailand versprochen war, so mußte er sie alle ausschlagen. Daher eilte er dahin zu kommen. Seine Oper unter dem Titel: *Mitridate* kam noch zu Ende des Jahres 1770, den 26. Dezember auf die Scene; sie erhielt allgemeinen Beyfall und ward zwanzigmal nacheinander aufgeführt. Eben darum wurde mit ihm alsogleich schriftlichen Akkord auf die *Opera seria* für den Karneval von 1773 eingegangen. Sie hieß, *Lucio Sulla* und erhielt einen noch größern Beyfall als *Mitridate*, denn sie wurde 26mal ohne Unterbrechen aufgeführt.

Auf seiner Rückreise aus Italien im J. 1771, besuchte er noch Venedig und Verona; hier überreichte man ihm auch das Diplom als Mitglied der philharmonischen Gesellschaft. [2] So kam er nach einem Aufenthalte von mehr als 15 Monaten in Italien, nach Salzburg zurück. Die Ausbeute dieser langen Reise war ein Schatz neuer Kenntnisse und Ideen, ein geläuterter Geschmack und die Bewunderung einer Nation, die von der Natur selbst zur Richterin in der Tonkunst berufen zu seyn schien.

Bey seiner Ankunft in Salzburg fand Mozart einen Brief von dem Grafen Firmian aus Mayland, worinn ihm dieser im Namen der Kaiserin Maria Theresia den Auftrag machte, die große theatralische Serenate zur Vermählung des Erzherzogs Ferdinand zu schreiben. [3] Zu diesem Feste schrieb Hasse, der älteste unter den Kapellmeistern die Opera, und Mozart, der jüngste unter ihnen, die Serenate; die Kaiserin schien das so mit Absicht angeordnet zu haben! Diese Serenate hieß: *Ascanio in Alba*; während der Feyerlichkeit ward immer mit der Oper und der Serenate abgewechselt. Bey der Wahl des neuen Erzbischofs von Salzburg, 1772, schrieb Mozart auch eine theatralische Serenate, betitelt: *Lo sogno di Scipione*.

Einige Reisen die Mozart im Jahre 1773 und 1774 nach Wien und München machte, gaben die Gelegenheit zu mehreren Meisterwerken der Tonkunst; hieher gehört die komische Oper: *La finta Giardiniera*, und mehrere Messen für die Münchner Hofkapelle.

Im Jahre 1775 schrieb Mozart in Salzburg die Serenate *il re pastore*, welche außerordentlich gefiel, und unter diejenigen ältern Werke Mozarts gehört, die auch jetzt noch ihren großen Werth haben; denn er hatte darinn schon den hohen Geist ahnden lassen, der in seinen spätern Kunstwerken herrscht. Dahin gehört das Oratorium der büssende David, welches unter die besten Werke dieser Art gehört, und auch jetzt noch von Kennern bewundert wird.

Fußnoten:

[1] Anmerkung: Ohne meine Erinnerung werden die Leser einsehen, daß dieser Martini mit dem Opernkomponisten Martini, dem Verfasser der *Cosa rara*, nicht zu verwechseln sey.

[2] Anmerkung. Alle diese Diplome, so wie das Kreuz des päpstl. Ordens, bewahret die Wittwe zum Andenken.

[3] Serenaten waren eine Gattung Kantaten, denen zum Grunde ein dramatisches Sujet gelegt war; sie hatten also Aehnlichkeiten mit den Oratorien.

II. Mozart als Mann.

Diesen Zeitpunkt, das heißt, sein 20stes Lebensjahr können wir für die Epoche seiner Vollendung als Meister annehmen; denn von nun an zeigte er sich immer als ein solcher im glänzendesten Lichte, und mit einer entscheidenden Ueberlegenheit des Geschmackes und Genies; alle seine Werke, die er seit dem geliefert hat, sind klassisch und erwarben ihm die Krone der Unsterblichkeit. Wir fahren in der Erzählung seiner Lebensbegebenheiten fort, und werden die vorzüglichsten seiner Werke, aus dieser Lebensperiode, in einem besondern Abschnitte rezensiren.

Mozarts Ruhm war nun gegründet. Jede große Stadt, die er zu dem Schauplatze seiner Talente gemacht hätte, würde ihn mit Freude aufgenommen, und seine Werke mit Entzücken angehört haben. Zu einer solchen Erwartung berechtigte ihn im hohen Maße die große Wirkung, die sein zweifaches gleich großes Talent, des Klavierspielers und Kompositors jedesmal und überall auf das Publikum gemacht hatte.

Unter diesen Städten war wohl P a r i s der angemessenste Platz für das Genie Mozarts; um so mehr, da seine Kunst dort ein schon begeistertes Publikum gefunden hätte. Aber er hatte keinen Geschmack an der französischen Musik; über dieß war sein gerader Charakter zu Intriguen und Kabalen nicht gemacht, die auf diesem großen Tummelplatze menschlicher Leidenschaften auch die Künste mit ihren Schlangenwindungen umstrickten. Er kam also von der letzten Reise, die er im Jahre 1777 mit seiner Mutter nach Paris zu dem Endzwecke gemacht hatte, bald wieder, aber allein zurück; denn sie starb dort. [4] Auch dieß mag seinem gefühlvollen Herzen den Aufenthalt in Paris verleidet haben. Zu Ende des Jahres 1778 war er schon wieder in Salzburg.

Der Bayerische Hof, der schon so oft Zeuge seines Künstlertalentes war, und insbesondere der damalige Churfürst, der große Schätzer aller schönen Künste, liebte Mozarts Musik im hohen Grade. Er bekam daher den Auftrag für den Fasching vom 1781 in München eine *Opera seria* zu schreiben.

Da schuf Mozart das erhabene Werk, die Oper *Idomeneo*; worinn eine Gedankenfülle, eine Wärme der Empfindung herrscht, die sich nur von der Jugendkraft eines genialischen Tonkünstlers wie Mozart erwarten ließ. Diesen Aufenthalt in München rechnete Mozart unter die angenehmsten Tage seines Lebens und vergaß nie auf die gefällige Freundschaft, die er da von so vielen Männern vom Verdienst genoß.

Aus München ward er durch einen Auftrag seines Erzbischofs nach Wien berufen: und von dieser Zeit an, das heißt von seinem 25sten Jahre, lebte er in dieser Kaiserstadt, die eben so sehr durch den entschiedenen Hang des Publikums zur Musik, als auch durch die Menge vortrefflicher Tonkünstler, für Mozarts Geist wichtig seyn mußte.

Von hier aus verbreiteten sich seine erstaunenswürdigen Kompositionen zunächst nach

Böhmen, dann in das übrige Deutschland, und gaben dem Geschmacke in der Musik einen großen Schwung, eine neue Richtung, die aber seine zeitherigen Nachahmer verzerren und verderben.

Sein Spiel auf dem Pianoforte fand zuerst Bewunderer und Liebhaber; denn obschon Wien mehrere große Meister dieses Instrumentes, des Lieblinges des Publikums zählte, so kam doch keiner unserm Mozart gleich. Eine bewundernswürdige Geschwindigkeit, die man besonders in Rücksicht der linken Hand oder des Basses einzig nennen konnte, Feinheit und Delikatesse, der schönste, redendeste Ausdruck und ein Gefühl, das unwiderstehlich zum Herzen drang, sind die Vorzüge seines Spieles gewesen, die gepaart mit seiner Gedankenfülle, mit der tiefen Kenntniß der Komposition natürlich jeden Hörer hinreißen, und Mozarten zu dem größten Klavierspieler seiner Zeit erheben mußten.

Seine Klavierkompositionen aller Art, Sonaten, Variationen, Konzerte, wurden bald allgemein bekannt und beliebt. Man ward bey jedem neu erschienenen Werke überrascht durch die Neuheit des Stiles, und der Gedanken – man staunte über die Höhe, zu der sich die Musik durch seine Werke so schnell empor schwang!

In Wien fand Mozart einen Tonkünstler, dessen Genie dem seinigen am ähnlichsten war; ich meine den berühmten Schöpfer der Alzeste und Iphigenie, Ritter von Gluck, einen Böhmen von Geburt. Der Umgang mit ihm und das unablässige Studium seiner erhabenen Werke gab Mozarten viel Nahrung, und hatte Einfluß auf seine Opernkompositionen. Auch wurde Mozart bald der innigste Verehrer des großen, unvergleichlichen J o s e p h   H a y d n , der schon damals der Stolz der Tonkunst war, und nun, nachdem Mozart nicht mehr ist, unser einzige Liebling, unsere Wonne bleibt. Mozart nannte ihn oft seinen Lehrer.

Bald nachdem Mozart seinen Aufenthalt in Wien aufgeschlagen hatte, faßte der unvergeßliche Kaiser J o s e p h II. den Gedanken, der eines deutschen Kaisers so würdig war, den Geschmack an italienischen Opern durch die Unterstützung deutscher Singspiele und Sänger zu verdrängen, und für das Vaterländische mehr zu stimmen. Er versammelte daher die besten Sänger und Sängerinnen, und ließ von Mozart eine deutsche Oper setzen. Für diese Virtuosen schrieb Mozart das allgemein bekannte, allgemein beliebte Singspiel, die E n t f ü h r u n g   a u s   d e m   S e r a i l in dem Jahre 1782.

Sie machte allgemeines Aufsehen; und die schlauen Italiener sahen bald ein, daß ein solcher Kopf für ihr welsches Geklingel bald gefährlich werden dürfte. Der Neid erwachte nun mit der ganzen Schärfe des italienischen Giftes! Der Monarch der im Grunde von der n e u e n   t i e f e i n d r i n g e n d e n Musik entzückt war, sagte doch zu Mozart: »Gewaltig viel Noten lieber Mozart!«

»Gerade so viel, Eure Majestät, als nöthig

ist,« versetzte dieser mit jenem edlen Stolze, und der Freymüthigkeit, die großen Geistern so gut ansteht. Er sah es ein, daß dieß nicht eigenes Urtheil, sondern nachgesagt war.

Ich darf hier nicht verschweigen, daß Mozart zu der Zeit, als er diese Oper schrieb, K o n s t a n z a W e b e r , seine nachmahlige Gemahlin, die Schwester der berühmten Sängerin L a n g , liebte und eben Bräutigam war. Den Einfluß, den diese Seelenstimmung auf die Komposition dieser Oper haben mußte, wird jedermann erkennen, der sie gehört hat; denn wer weiß es nicht, wie voll süßer Gefühle, voll schmachtender Liebe sie ist?

Ich kann den Beyfall und die Sensation, die sie in Wien erregte, nicht aus eigener Erfahrung beschreiben – aber ich bin Zeuge des Enthusiasmus gewesen, den sie bey ihrer Aufführung in Prag in Kennern und Nichtkennern verursachte! Es war, als wenn das, was man hier bisher gehört und gekannt hatte, keine Musik gewesen wäre! Alles war hingerissen – alles staunte über die neuen Harmonien, über die originellen, bisher ungehörten Sätze der Blasinstrumente. Nun fingen die Böhmen an seine Kompositionen zu suchen; und in eben dem Jahre hörte man schon in allen bessern musikalischen Akademien, Mozarts Klavierstücke und Sinfonien. Von nun an war die Vorliebe der Böhmen für seine Werke entschieden! Die größten Kenner und Künstler unserer Vaterstadt, waren auch Mozarts größte Bewunderer, die feurigsten Verkündiger seines Ruhmes. [5]

Mozart lebte bisher, ungeachtet seines großen Ruhmes ohne A n s t e l l u n g , also ohne bestimmte Einkünfte. Klavier-Unterricht, und abonnirte Konzerte für einen geschlossenen Cirkel des hohen Adels waren noch die ausgiebigsten Quellen seiner Einkünfte, wobey sich in einer Stadt, wie Wien, sicher nichts ersparen ließ.

In dieser Periode schrieb er die schönsten Sachen für das Klavier: Sonaten mit und ohne Begleitung, Konzerte, die nun in jedermanns Händen sind.

Im Jahre 1785 gab er 6 meisterhafte Violin-Quartetten im Stich heraus, mit einer Dedikation an seinen Freund den Kapellmeister J o s e p h H a y d n , die ein schöner Abdruck seiner Hochachtung für diesen großen Mann ist; und so wie dieselbe den Ruhm H a y d n s , durch die Huldigungen eines Künstlers wie Mozart, vermehrt: eben so sehr gereicht sie diesem zur Ehre, und macht uns das Herz eines Mannes liebenswürdig, dessen Talent Bewunderung heischt.

Gewiß, Mozart hätte mit keinem Werke einen J o s e p h H a y d n besser ehren können, als mit diesen Quartetten, die ein Schatz der schönsten Gedanken, und das Muster und eine Schule der Komposition sind. In den Augen des Kenners ist dies Werk eben so viel werth, als jede Opernkomposition Mozarts. Alles darinn ist durchgedacht, und vollendet! – Man sieht es diesen Quartetten an, daß er sich die Mühe gab H a y d n s Beyfall zu verdienen.

Eben zu der Zeit machte das französische

Lustspiel von Beaumarchais, F i g a r o sein Glück und kam auf alle Theater. Mozart ward vom Kaiser J o s e p h dazu bestimmt, diesem Lustspiele, nachdem es in ein Singspiel umgegossen ward, auch auf dem italienischen Operntheater durch seine Musik Celebrität zu verschaffen. Es wurde in Wien von der italienischen Opern-Gesellschaft aufgeführt. Wenn es wahr ist, was man allgemein als wahr erzählt, und was sich bei so vielen glaubwürdigen Zeugen freylich nicht in Zweifel ziehen läßt, daß die Sänger, aus Haß, Neid und niedriger Kabale bey der ersten Vorstellung durch vorsetzliche Fehler sich alle Mühe gegeben haben die Oper zu stürzen: so kann der Leser daraus schließen, wie sehr diese Faktion die Ueberlegenheit des Genies in Mozart fürchtete, und wie wahr es sey, was ich kurz vorher bey Gelegenheit der E n t f ü h r u n g a u s   d e m   S e r a i l bemerkt habe. Dieser feige Bund verdienstloser Menschen blieb bis an das frühe Ende des unsterblichen Künstlers in voller Thätigkeit ihn zu hassen, zu verläumden, und seine Kunst herabzusetzen. Welchen Kampf hatte Mozarts Geist zu bestehen, bis er vollkommen triumphirte?

Man erzählt, daß die Sänger durch eine ernste Warnung des seligen Monarchen zu ihrer Pflicht gewiesen werden mußten, da Mozart voll Bestürzung zwischen dem 2ten Akte zu Ihm in die Loge kam und Ihn darauf aufmerksam machte.

So wie jedes seiner Werke in Böhmen nach seinem wahren Werthe erkannt und geschätzt wurde: so geschah es auch mit dieser Oper. Sie wurde im Jahre 1786 von der Bondinischen Gesellschaft in Prag auf das Theater gebracht und gleich bey der ersten Vorstellung mit einem Beyfall aufgenommen, der nur mit demjenigen, welchen die Zauberflöte nachher erhielt, verglichen werden kann. Es ist die strengste Wahrheit, wenn ich sage, daß diese Oper fast ohne Unterbrechen diesen ganzen Winter gespielt ward, und daß sie den traurigen Umständen des Unternehmers vollkommen aufgeholfen hatte. Der Enthusiasmus, den sie bei dem Publikum erregte, war bisher ohne Beyspiel; man konnte sich nicht genug daran satt hören. Sie wurde bald von einem unserer besten Meister, Herrn Kucharz in einen guten Klavier-Auszug gebracht, in blasende Parthieen, ins Quintett für Kammermusik, in teutsche Tänze verwandelt: kurz Figaros Gesänge wiederhallten auf den Gässen, in Gärten, ja selbst der Harfenist auf der Bierbank mußte sein *non piu andrai* tönen lassen, wenn er gehört werden wollte. Diese Erscheinung hat freylich größtentheils in der Vortrefflichkeit des Werkes ihren Grund; aber nur ein Publikum, welches so viel Sinn für das wahre Schöne in der Tonkunst und so viel gründliche Kenner unter sich besitzt, konnte den Werth einer solchen Kunst auf der Stelle empfinden; dazu gehört auch das unvergleiche Orchester der damaligen Oper, welches die Ideen Mozarts so genau und fleißig auszuführen verstand. Denn auf diese verdienten Männer, die zwar größtentheils keine Konzertisten, aber desto gründlichere Kenner und Orchestersubjekte waren, machte die neue

Harmonie und der feurige Gang des Gesanges den ersten und tiefsten Eindruck! Der nunmehr verstorbene rühmlich bekannte Orchester-Direktor S t r o b a c h versicherte oft, daß er sammt seinem Personale bey der jedesmaligen Vorstellung so sehr ins Feuer gerathe, daß er trotz der mühsamen Arbeit mit Vergnügen von vorne wieder anfangen würde.

Die Bewunderung für den Verfasser dieser Musik gieng so weit, daß einer unserer edelsten Kavaliere und Kenner der Musik, G r a f J o h a n n J o s e p h T h u n, der selbst eine vortreffliche Kapelle unterhielt, ihn nach Prag zu kommen einlud, und ihm Wohnung, Kost und alle Bequemlichkeiten in seinem Hause anboth. Mozart war zu sehr über die Wirkung erfreut, die seine Musik auf die Böhmen machte – zu begierig eine Nation von einem solchen Musikgefühle kennen zu lernen, als daß er die Gelegenheit nicht mit Freuden ergriffen hätte. Er kam im Februar 1787 nach Prag: am Tage seiner Ankunft wurde Figaro gegeben, und Mozart erschien darinn. Alsogleich verbreitete sich der Ruf von seiner Anwesenheit im Parterre, und so wie die Sinfonie zu Ende gieng, klatschte ihm das ganze Publikum Beyfall und Bewillkommen zu.

Er ließ sich dann auf allgemeines Verlangen in einer großen musikalischen Akademie im Operntheater auf dem Pianoforte hören. Nie sah man noch das Theater so voll Menschen, als bey dieser Gelegenheit; nie ein stärkeres, einstimmiges Entzücken, als sein göttliches Spiel erweckte. Wir wußten in der That nicht, was wir mehr bewundern sollten, ob die a u ß e r o r d e n t l i ‐ c h e Komposition, oder das a u ß e r o r d e n t ‐ l i c h e Spiel; beydes zusammen bewirkte einen Totaleindruck auf unsere Seelen, welcher einer süßen Bezauberung glich! Aber dieser Zustand lösete sich dann, als Mozart zu Ende der Akademie allein auf dem Pianoforte mehr als eine halbe Stunde phantasirte und unser Entzücken auf den höchsten Grad gespannt hatte, in laute überströmende Beyfallsäußerung auf. Und in der That übertraf dieses Phantasiren alles, was man sich vom Klavierspiele vorstellen konnte, da der höchste Grad der Kompositionskunst mit der vollkommensten Fertigkeit im Spiele vereinigt ward. Gewiß, so wie diese Akademie für die Prager die einzige ihrer Art war, so zählte Mozart diesen Tag zu den schönsten seines Lebens.

Die Sinfonien, die er für diese Gelegenheit setzte, sind wahre Meisterstücke des Instrumentalsatzes, voll überraschender Uebergänge und haben einen raschen, feurigen Gang, so, daß sie alsogleich die Seele zur Erwartung irgend etwas Erhabenen stimmen. Dieß gilt besonders von der großen Sinfonie in *D dur* und *Es*, die noch immer ein Lieblingsstück des Prager Publikums sind, obschon sie wohl hundertmal gehört waren.

Der Opernunternehmer Bondini schloß zugleich mit Mozart den Akkord zu einer neuen Oper für die Prager Bühne auf den nächsten Winter, welche dieser gerne übernahm, weil er erfahren hatte, wie gut die Böhmen seine Musik zu schätzen und auszuführen verstanden. Dieß äußerte er oft gegen seine Prager Freunde: er war überhaupt gern in Prag, wo ihn ein gefühlvolles Publikum, und wahre Freunde so zu sagen auf den Händen trugen. – Dem Opernorchester dankte er in einem Briefe an den damaligen Direktor Herrn Strobach sehr verbindlich, und schrieb seiner geschickten Ausführung den größten Theil des Beyfalls zu, den seine Musik in Prag erhalten hatte. [6] Dieser Zug seines Herzens, so unbedeutend er scheint, ist sehr schön; er giebt einen Beweis, daß S t o l z , E i g e n d ü n k e l oder U n d a n k b a r k e i t seine Fehler nicht waren, wie man es so häufig an viel geringern Virtuosen wahrnimmt.

In dem nemlichen Jahre 1787 gegen den Winter kam Mozart vermög seines Akkords wieder nach Prag, und vollendete da die Krone aller seiner Meisterwerke, die Oper: *Il dissoluto punito*, oder *Don Giovanni*.

Die Böhmen sind stolz darauf, daß er durch eine so erhabene und aus der Tiefe seines Genies geschöpfte Musik ihren guten Geschmack erkannte und ehrte.»D o n J u a n i s t f ü r P r a g g e s c h r i e b e n« – mehr braucht man nicht zu sagen, um zu beweisen, welchen hohen Begriff Mozart von dem musikalischen Sinne der Böhmen hatte. Es gelang ihm auch vollkommen diesen Sinn zu treffen und zu rühren; denn keine Oper hat sich hier in einem gleichen Wohlgefallen so lange auf dem Theater erhalten, als D o n J u a n . Es sind nunmehr 21 Jahre, seit sie gegeben wird, und noch immer hört man sie mit Vergnügen, noch immer lockt sie zahlreiche Versammlung in das Parterre. Kurz D o n J u a n ist die Lieblingsoper des bessern Publikum in Prag. Als Mozart bey der ersten Vorstellung derselben an dem Klavier im Orchester erschien, empfing ihn das ganze bis zum Erdrücken volle Theater mit einem allgemeinen Beyfallklatschen. Ueberhaupt bekam Mozart in Prag bey jeder Gelegenheit große und unzweydeutige Beweise der Hochachtung und Bewunderung, welche gewiß ehrenvoll waren, weil nicht Vorurtheil oder Mode, sondern reines Gefühl seiner Kunst daran Theil hatte. Man liebte und bewunderte seine schönen Werke; wie konnte man gegen die Person ihres großen Schöpfers gleichgültig bleiben?

In dem Jahre 1789 im Monat December schrieb Mozart das italienische komische Singspiel, *Cosi fan tutte*, oder d i e S c h u l e d e r L i e b e n d e n ; man wundert sich allgemein, wie der große Geist sich herablassen konnte, an ein so elendes Machwerk von Text seine himmlisch süßen Melodien zu verschwenden. Es stand nicht in seiner Gewalt, den Auftrag abzulehnen, und der Text ward ihm ausdrücklich aufgetragen. – In diese Periode fällt auch seine Reise über Leipzig und Dresden nach Berlin. [7] Der große Ruf seines Namens gieng ihm voran, und man fand sich nirgends in der Erwartung getäuscht, die er überall erregt hatte. Der damalige König von Preußen, ein freygebiger Kenner und Freund der Tonkunst, ward ganz für ihn eingenommen; und gab ihm ausgezeichnete Beweise seiner Achtung. Wie wahrhaft und daurend dieselbe gewesen sey, beweiset die königliche Großmuth, mit welcher dieser Monarch später die Wittwe Mozart in Berlin aufnahm und unterstützte.

Mozart war bis jetzo ohne Anstellung, ohne sichere Einkünfte. So bekannt auch sein Talent war, so sehr man seine Kompositionen suchte: so wenig dachte man daran ihn zu belohnen, und zu unterstützen. Er hatte zwar oft beträchtliche Einnahmen gemacht; aber bei der Unsicherheit und Unordnung der Einkünfte, bei den häufigen Kindbetten, den langwierigen Krankheiten seiner Gattin, in einer Stadt wie Wien, mußte Mozart doch im eigentlichen Verstande darben. Er beschloß daher die S t a d t zu verlassen, wo sich keine Stelle für einen Kopf wie M o z a r t fand. Sein Plan war nach England zu gehen, wo er ein besseres Schicksal um so mehr erwarten konnte, als ihm oft von da Einladungen und lockende Anträge gemacht wurden.

Alles war zur Abreise fertig, als ihm K a i s e r J o s e p h den Titel eines kaiserlichen Kammerkomponisten mit einem Jahrgehalt von 800 Gulden und der Zusicherung ertheilte, daß auf ihn in der Zukunft Bedacht genommen werden würde. Mozart mochte nicht trotzen; er nahm es willig an, und blieb. Das Anstellungsdekret ist am 7. Dec. 1787 ausgestellt.

Ich überlasse es jedem Leser darüber Beobachtungen anzustellen, um die Ursachen der langen Vernachlässigung eines so großen Künstlers auszuforschen. An ihm lag die Schuld gewiß nicht; man müßte denn seinen geraden und offenen zum Bücken und Kriechen untauglichen

Charakter als Schuld annehmen.

So viele Feinde und Neider auch jeden seiner Vorzüge durch Herabsetzung und Verläumdung zu verdunkeln bemüht waren: so vollkommen war dennoch der Triumph seiner Kunst bey unbefangenen, von dem Roste der Mode unverletzten Seelen. Alle wahren Kenner der Tonkunst huldigten seinem Genie. Ich will davon ein Beyspiel anführen.

Der als Staatsmann und Gelehrter gleich verehrungswürdige Baron von Switten, ein wahrer Kenner der Tonkunst, voll Gefühl für den ernsten Gesang des erhabenen Händels, ließ oft die Werke dieses berühmten Tonkünstlers, die für den tändelnden Modegeschmack unserer Tage eine zu einfache Kost sind, in Privatkonzerten aufführen. Er bediente sich dazu der Talente unsers Mozarts, der die großen Ideen Händels mit der Wärme seiner Empfindung zu beleben und durch den Zauber seines Instrumentalsatzes für unser Zeitalter genüßbar zu machen verstand. [8] Baron von Switten korrespondirte oft über die Angelegenheit mit Mozart, und schrieb ihm einst unter andern:

Den 21sten März 1789.

»Ihr Gedanke, den Text der kalten Arie in ein *Recitativ* zu bringen ist trefflich, und in der Ungewißheit ob Sie wohl die Worte zurückbehalten haben, schicke ich sie Ihnen hier abgeschrieben. Wer Händel so feyerlich und so geschmackvoll kleiden kann, daß er einerseits auch dem Modegecken gefällt, und anderseits doch immer in seiner Erhabenheit sich zeiget, der hat seinen Werth gefühlt, der hat ihn verstanden, der ist zu der Quelle seines Ausdruckes gelanget und kann und wird sicher daraus schöpfen. So sehe ich dasjenige an, was Sie leisteten, und nun brauche ich von keinem Zutrauen mehr zu sprechen, sondern nur von dem Wunsche das Rezitativ bald zu erhalten.«

S w i t t e n .

Der Türkenkrieg und der dadurch veranlaßte Tod des e d e l s t e n M o n a r c h e n , des unvergeßlichen J o s e p h s , raubte auch Mozarten eine große Stütze seiner Hoffnungen; er blieb Kapellmeister mit 800 Fl. und ohne Wirkungskreis!

Aber auch sein Ende rückte nun heran; er sollte den großen M o n a r c h e n nicht lange überleben. Das Jahr 1791, furchtbar reich an großen Todten, ward bestimmt auch den Stolz der Tonkunst zu entreißen. Mozart hatte jedoch zuvor der Nachwelt mit vollen Händen aus dem Reichthume seines Geistes ausgespendet. Daher ist dieses Jahr eben so merkwürdig durch die Schöpfung seiner schönsten Werke, als es uns durch seinen unerwarteten Tod schmerzhaft geworden ist. In demselben, ja gewissermaßen nahe an dem Ziele seines Lebens schuf er die Musik zu der Z a u b e r f l ö t e , zu der ernsthaften Oper, *La Clemenza di Tito*, und das furchtbar erhabene *Requiem* (Seelenmesse) welches er nicht einmal mehr vollenden konnte. So gewiß es ist, daß diese drey Werke allein ihm den ersten Platz unter den Tonkünstlern seines Zeitalters und unsterblichen Ruhm versichert hätten, so sehr vermehren sie die Sehnsucht nach dem Entrissenen, durch den Gedanken, der sich dem gefühlvollen Zuhörer unter dem Genusse seiner Werke unwiderstehlich aufdringt: »A c h ! w i e v i e l w ü r d e d e r M a n n n o c h g e l e i s t e t , w e l c h e H a r m o n i e n g e s c h a f f e n h a b e n ?«

Die Zauberflöte setzte er für das Theater des bekannten S c h i k a n e d e r s , der sein alter Bekannter war. Die Musik zu der Oper *La Clemenza di Tito* war von den böhmischen Ständen zu der Krönung des Kaisers L e o p o l d bestellt. Diese letzte begann er in seinem Reisewagen auf dem Wege von Wien, und vollendete sie in dem kurzen Zeitraume von 18 Tagen in Prag.

D i e G e s c h i c h t e s e i n e s letzten Werkes, der erwähnten S e e l e n m e s s e , ist eben so geheimnißvoll als merkwürdig.

Kurz vor der Krönungszeit des Kaisers L e o p o l d , bevor noch M o z a r t den Auftrag erhielt nach Prag zu reisen, wurde ihm ein Brief o h n e U n t e r s c h r i f t von einem u n b e k a n n t e n B o t h e n übergeben, der nebst mehreren schmeichelhaften Aeußerungen die Anfrage enthielt, ob Mozart eine Seelenmesse zu schreiben übernehmen wollte? um welchen Preis und binnen welcher Zeit er sie liefern könnte?

Mozart der ohne Mitwissen seiner Gattin nicht den geringsten Schritt zu thun pflegte, erzählte ihr den sonderbaren Auftrag, und äußerte zugleich sein Verlangen sich in dieser Gattung auch einmal zu versuchen, um so mehr, da der höhere pathetische Stil der Kirchenmusik immer sehr nach seinem Genie war. Sie rieth ihm den Auftrag anzunehmen. Er schrieb also dem unbekannten Besteller zurück, er würde das Requiem für eine gewisse Belohnung verfertigen; die Zeit der Vollendung könne er nicht genau bestimmen; er wünsche jedoch den Ort zu wissen, wohin er das Werk, wenn es fertig seyn würde, zu übergeben habe. In kurzer Zeit erschien derselbe Bothe wieder, brachte nicht nur die bedungene Belohnung mit, sondern noch das Versprechen, da er in dem Preise so billig gewesen sey, bey der Absendung des Werkes eine beträchtliche Zugabe zu erhalten. Er sollte übrigens nach der Stimmung und Laune seines Geistes schreiben, sich aber gar keine Mühe geben, den Besteller zu erfahren, indem es gewiß vergeblich seyn würde.

Mittlerweile bekam Mozart den ehrenvollen und vortheilhaften Antrag für die Prager Krönung des Kaisers L e o p o l d die Oper Titus zu schreiben. Nach Prag zu gehen, für seine lieben Böhmen zu schreiben, hatte für ihn zu viel Reiz, als daß er es hätte ausschlagen können!

Eben als Mozart mit seiner Frau in den Reisewagen stieg, stand der Bothe wie ein Geist da, zupfte die Frau an dem Rocke, und fragte: »Wie wird es nun mit dem Requiem aussehen? –«

Mozart entschuldigte sich mit der Nothwendigkeit der Reise und der Unmöglichkeit seinem unbekannten Herrn davon Nachricht geben zu können: übrigens würde es seine erste Arbeit bey der Zurückkunft seyn, und es käme nur auf den Unbekannten an, ob er so lange warten wolle. Damit war der Bothe gänzlich befriedigt.

Schon in Prag kränkelte und medizinirte Mozart unaufhörlich; seine Farbe war blaß und die Miene traurig, obschon sich sein munterer Humor in der Gesellschaft seiner Freunde doch oft noch in fröhlichen Scherz ergoß. Bey seinem Abschiede von dem Zirkel seiner Freunde ward er so wehmüthig, daß er Thränen vergoß. Ein ahnendes Gefühl seines nahen Lebensende schien die schwermüthige Stimmung hervorgebracht zu haben – denn schon damals trug er den Keim der Krankheit, die ihn bald hinraffte, in sich.

Bey seiner Zurückkunft nach Wien nahm er sogleich seine Seelenmesse vor, und arbeitete mit viel Anstrengung und einem lebhaften Interesse daran: aber seine Unpäßlichkeit nahm sichtbar zu, und stimmte ihn zur düstern Schwermuth. Seine Gattin nahm es mit Betrübniß wahr. Als sie eines Tages mit ihm in den Prater fuhr, um ihm Zerstreuung und Aufmunterung zu verschaffen, und sie da beyde einsam saßen, fing Mozart an vom Tode zu sprechen, und behauptete, daß er das Requiem für sich setze. Thränen standen dem empfindsamen Manne in den Augen. »Ich fühle mich zu sehr, sagte er weiter, mit mir dauert es nicht mehr lange: gewiß, man hat mir Gift gegeben! Ich kann mich von diesem Gedanken nicht los winden. –«

Zentnerschwer fiel diese Rede auf das Herz seiner Gattin; sie war kaum im Stande ihn zu trösten, und das Grundlose seiner schwermüthigen Vorstellungen zu beweisen. Da sie der Meynung war, daß wohl eine Krankheit im Anzuge wäre, und das Requiem seine empfindlichen Nerven zu sehr angreife, so rufte sie den Arzt, und nahm die Partitur der Komposition weg.

Wirklich besserte sich sein Zustand etwas, und er war während desselben fähig eine kleine Kantate, die von einer Gesellschaft für ein Fest bestellt wurde, zu verfertigen. Die gute Ausführung derselben und der große Beyfall, mit dem sie aufgenommen ward, gab seinem Geiste neue Schnellkraft. Er wurde nun etwas munterer und verlangte wiederholt sein Requiem fortzusetzen und zu vollenden. Seine Frau fand nun keinen Anstand ihm seine Noten wieder zu geben.

Doch kurz war dieser hoffnungsvolle Zustand; in wenig Tagen verfiel er in seine Melancholie, ward immer matter und schwächer, bis er endlich ganz auf das Krankenlager hinsank, von dem er ach! nimmer aufstand.

Am Tage seines Todes ließ er sich die Partitur an sein Bette bringen. »Hab ich es nicht vorgesagt, daß ich dieß Requiem für mich schreibe?« so sprach er, und sah noch einmal das Ganze mit nassen Augen aufmerksam durch. Es war der letzte schmerzvolle Blick des Abschiedes von seiner geliebten Kunst – eine Ahndung seiner Unsterblichkeit!

Gleich nach seinem Tode meldete sich der

Bothe, verlangte das Werk, so wie es unvollendet war, und erhielt es. Von dem Augenblicke an sah ihn die Wittwe nie mehr, und erfuhr nicht das mindeste, weder von der Seelenmesse, noch von dem Besteller. Jeder Leser kann sich vorstellen, daß man sich alle Mühe gab den räthselhaften Bothen auszuforschen, aber alle Mittel und Versuche waren fruchtlos. [9]

Mozart blieb während seiner Krankheit bey vollkommenem Bewußtseyn bis an sein Ende, und starb zwar gelassen, aber doch sehr ungern. Jedermann wird dieß begreiflich finden, wenn er bedenkt, daß Mozart kurz zuvor das Anstellungsdekret als Kapellmeister in der St. Stephanskirche mit allen Emolumenten, die von Alters her damit verbunden waren, bekam, und nun erst die frohe Aussicht hatte, bei hinlänglichen Einkünften ruhig, ohne Nahrungssorgen leben zu können. Auch erhielt er fast zu gleicher Zeit aus U n g a r n und A m s t e r d a m ansehnliche Bestellungen und Akkorde auf periodische Lieferungen gewisser Kompositionen.

Dieses sonderbare Zusammentreffen so glücklicher Vorbothen eines bessern Schicksales – seine gegenwärtigen traurigen Vermögensumstände – der Anblick einer trostlosen Gattin – der Gedanke an zwey unmündige Kinder: alles dieses war nicht gemacht, einen bewunderten Künstler, der nie Stoiker gewesen ist, in seinem 35ten Jahre die Bitterkeit des Todes zu versüßen. »Eben j e t z t , so klagte er oft in seiner Krankheit, soll ich fort, da ich ruhig leben würde! J e t z t meine Kunst verlassen, da ich nicht mehr als Sklave der Mode, nicht mehr von Spekulanten gefesselt, den Regungen meiner Empfindung folgen, frey und unabhängig schreiben könnte, was mein Herz mir eingiebt! Ich soll fort von meiner Familie, von meinen armen Kindern, in dem Augenblicke, da ich im Stande geworden wäre, für ihr Wohl besser zu sorgen!« Sein Tod erfolgte in der Nacht am 5ten Dezember 1791. Die Aerzte waren in der Bestimmung seiner Krankheit nicht einig. Man kann sagen, um Mozart floßen unzählbare Thränen; nicht in Wien allein, vielleicht mehr noch in Prag, wo man ihn liebte und bewunderte. Jeder Kenner, jeder Freund der Tonkunst hielt seinen Verlust für unersetzlich; und wahrlich, bis jetzt hat man nicht Ursache diese trostlose Meynung zurück zu nehmen! Es schien unglaublich, daß ein Mann, der so unsterbliche Werke geliefert, der unsern Herzen so reine Entzückungen geschaffen hat, nicht mehr seyn sollte!

In Wien feyerte man sein Andenken mit Würde; aber Prag zeichnete sich auch hierinn durch die wärmste Theilnahme aus; die Trauer um unsern Liebling war allgemein und ungeheuchelt. Zuerst veranstaltete der würdige Musik Direktor J o s e p h S t r o b a c h, ein Freund des Verstorbenen, [10] in seiner Pfarrkirche bey St. Niklas den 14ten Dezember d. n. J. ein feyerliches Seelenamt für Mozart. Nie gab es ein so rührendes und erhabenes Trauerbegängniß. Ein Chor von 120 Personen aus den besten Künstlern Prags ausgewählt, die alle mit wehmüthigen Eifer sich dazu angebothen hatten, unter der Direktion des braven S t r o b a c h s führte das meisterhafte Requiem unsers berühmten Landsmannes Rosetti mit einem so schwermuthsvollen Ausdrucke auf, daß es nothwendig auf das versammelte Volk den tiefsten Eindruck machen mußte. Mehr als 3000 Menschen, vom Adel und Bürgerstande, (so viel nemlich diese große Kirche faßte,) waren da beysammen – alle gerührt, alle voll Wehmuth über den frühen Tod des entrissenen Künstlers!

Etwas später, den 28ten Dezember 1791 unternahm eine Gesellschaft wahrer Verehrer des Verstorbenen, zur Unterstützung der hinterlassenen Waisen und Wittwe ein öffentliches Konzert in dem Nationaltheater; man führte einige der besten, weniger bekannten Kompositionen Mozarts auf. Eine so edle Todtenfeier unterstützte das Prager Publikum aus allen Kräften, um so mehr, da es die Gelegenheit fand den Tribut seiner Hochachtung dem G e n i e Mozarts in der großmüthigen Unterstützung der hilflosen Waisen zu zollen. Das Theater war voll, und die Einnahme beträchtlich. Wie glücklich ist ein Künstler, dessen Talent solche Freunde erwirbt!

In Wien wurde die Wittwe auf eine eben so großmüthige Art unterstützt. – Mozart hinterließ seiner Familie nichts als den Ruhm seines Namens. Alle Hilfsmittel ihrer Erhaltung beruhten auf der Großmuth eines dankbaren Publikums, dem Mozart so viele Stunden des reinsten Vergnügens, der edelsten Unterhaltung durch sein unerschöpfliches Talent geschaffen hatte. Und wahrlich, man kann sagen, daß dieses seine

Schuld redlich abzutragen suchte. Die Wittwe ließ in einem öffentlichen Konzert zu ihrem Besten die merkwürdige S e e l e n m e s s e aufführen. Der große Ruf dieses Meisterstückes und der Wunsch, die Waisen zu unterstützen, zog ein zahlreiches Publikum hin, und man muß es den edlen Freunden der Kunst in Wien zum Ruhme nachsagen, daß dieselben auch nach 17 Jahren noch gegen den Mozartischen Namen nicht gleichgültig geworden sind. In allen musikalischen Akademien, die der Wittwe zu ihrem Besten zugestanden werden, ist das Haus voll, und die Einnahme gut.

Aber die Großmuth des sel. Kaisers L e o - p o l d , dieses menschenfreundlichen, für die Wissenschaften und Künste so früh entrissenen Monarchen, übertraf alles, was bisher der Wittwe zum Besten geschah.

Mozarts Feinde und Verläumder wurden besonders gegen sein Ende, und nach seinem Tode so boshaft, so laut, daß bis zu dem Ohre des Monarchen manche nachtheilige Sage von Mozart gedrungen war. Diese Ausstreuungen und Lügen waren so unverschämt, so empörend, daß der Monarch, von Niemanden des Gegentheiles belehrt, sehr entrüstet war. Nebst einer schändlichen Erdichtung und Vergrößerung von Ausschweifungen, denen Mozart, wie sie sagten, ergeben gewesen sey, behauptete man, daß er nicht weniger als 30,000 Gulden Schulden hinterlassen habe – eine Summe, über die der Monarch erschrack!

Die Wittwe war eben gesonnen den Monarchen um Pension zu bitten. Eine edeldenkende Freundin und vortreffliche Schülerin Mozarts unterrichtete sie von den Verläumdungen ihres Mannes bey Hofe, und gab ihr den Rath den gütigen Monarchen bey der Audienz eines Bessern zu belehren.

Die Wittwe hatte bald Gelegenheit ihren Rath auszuführen.

»Euer Majestät,« sagte sie mit edlem Eifer bey der Audienz, »jeder Mensch hat Feinde; aber heftiger und anhaltender ist noch niemand von den seinigen verfolgt und verläumdet worden, als mein Mann, blos weil er ein so großes Talent war! Man hat es gewagt Euer Majestät viel Unwahres über ihn zu sagen: man hat seine hinterlassene Schulden z e h n f a c h vergrößert. Ich stehe mit meinem Leben dafür, daß ich mit einer Summe von ungefähr 3000 Gulden alles bezahlen könnte, was er schuldig ist. Und diese Schuld ist nicht muthwillig gemacht worden. Wir hatten keine sichern Einkünfte; häufige Kindbetten, eine schwere und kostbare Krankheit von anderthalb Jahren, die ich auszustehen hatte, werden bey dem menschenfreundlichen Herzen m e i n e s M o n a r c h e n zur Entschuldigung dienen.«

»Wenn es so ist,« sagte der Monarch, »da ist wohl noch Rath zu schaffen. Geben sie ein Konzert von seinen hinterlassenen Werken, und ich will es unterstützen.«

Er nahm ihr die Bittschrift gnädig ab; und in kurzer Zeit ward ihr eine Pension von 260 fl. angewiesen, die zwar an sich gering ist, aber da Mozart erst 3 Jahre angestellt, folglich die Wittwe noch nicht pensionsfähig war, so bleibt es immer eine Gnade. Die Akademie ward unternommen, und der u n s t e r b l i c h e M o n a r c h erfüllte so großmüthig sein Versprechen, daß die Wittwe dadurch in den Stand gesetzt wurde, die Schulden ihres Mannes zu tilgen.

Aus dieser Begebenheit kann man schließen, wie viel an den boshaften Erzählungen von der Unordnung seiner Haushaltung, seiner Verschwendung und dergleichen Anschwärzungen Wahres seyn mag. Da man so wenig seiner Größe als Künstler beyzukommen im Stande war, so suchte der grämliche Neid seinen moralischen Charakter zu verstellen! Eine sehr leichte und gewöhnliche Taktik kleiner Seelen, denen jedes Verdienst, jede Größe unausstehlich ist: um so mehr, wenn sie ihrem kleinen Gewerbe zu schaden droht! Es ist nur Gerechtigkeit, die dem Verdienste gebührt, wenn man sich Mühe giebt s o l c h e f r e m d e Flecken aus dem Gemählde würdiger Menschen zu verwischen.

Wenn gegen Mozart diejenige Billigkeit ausgeübt wird, die jeder an sich selbst zu erfahren wünschen muß, so wird er deshalb noch nicht als Muster der Oekonomie und Sparsamkeit angepriesen. Es ist wahr; er hätte den Werth des Geldes besser schätzen sollen: aber darf ein großer Geist keine Schwächen, keine Fehler haben? Möchten doch die, über ihn so streng urtheilen, auf ihr Herz greifen und sich fragen: –

– –

Quid tu?
nullane habes vitia?

Und sind sie in irgend einem Fache M o ‑ z a r t e ? – Die Endschuldigung der Schulden, die er hinterließ, vernahmen wir eben aus dem Munde seiner Wittwe; und gewiß, sie ist nicht ungegründet.

Mozart hinterließ von mehreren Kindern nur zwey Söhne, wovon der jüngere etwa 4 Monathe alt war, als der Vater starb. Er heißt Wolfgang wie sein Vater, ist gegenwärtig 17 Jahre alt, und durch die ersten Produkte seines musikalischen Talentes dem Publikum schon vortheilhaft bekannt. Sein Klavierspiel zeichnet sich durch feinen Ausdruck und Präcision aus. Und so wäre denn zum Theil die scherzhafte Vorhersagung seines Vaters erfüllt, daß d i e ß K i n d e i n M o z a r t w e r d e n w ü r d e, weil es einst weinend in den Ton stimmte, aus dem der Vater eben auf dem Fortepiano spielte. Offenbar lebt der Geist seines Vaters in ihm: aber dem Sohne fehlt eine so bildende Vaterhand, wie diejenige war, die das Genie des Vaters so trefflich leitete und entwickelte.

Möge der hoffnungsvolle Sohn in dem Bestreben nach Vollkommenheit nicht ermüden, und so wie er der Erbe des väterlichen Talentes ist, auch seinen rastlosen Fleiß in dem Studium großer Meister geerbt haben! Nur dadurch geht der Weg zum wahren Ruhme! Der ältere Sohn Karl ist gegenwärtig in Mayland und macht ebenfalls große Fortschritte in der Tonkunst.

In Böhmen war Mozarts Kunstvollkommenheit noch bey seinem Leben allgemein anerkannt und nach Werth geschätzt: aber er lebte zu kurz, um die wahre Blüthezeit seines Ruhmes zu sehen. Selbst in Wien seinem Wohnorte waren es nur Kenner, die seinem Genie Gerechtigkeit widerfahren ließen. Der Zauberflöte, wovon Mozart die ersten Vorstellungen und folglich auch den außerordentlichen Beyfall noch erlebte, war es vorbehalten seine Größe dem Auslande zu verkünden. Durch dieß Meisterwerk begeistert suchte man seine übrigen Werke auf, studierte sie und empfand ihre Schönheit, und so ward der Name M o z a r t bald in der ganzen gebildeten Welt gefeyert, seine Gesänge die Lust jegliches Ohres!

Dieß erfuhr seine Wittwe auf ihrer Reise durch Deutschland, die sie im J. 1796 unternommen hatte. Ueberall sah sie zu ihrer innigsten Wonne, wie gern die Teutschen wahres Verdienst erkennen und ehren, und wie tief Mozarts Gesänge auf ihre Herzen gewirket haben.

Bey ihrem Aufenthalte zu Berlin im Febr. 1796 gab der h ö c h s t s e l i g e W i l h e l m II., dieser vortreffliche Freund der Tonkunst, und der ganze königl. Hof ausgezeichnete Beweise seiner Liebe und Achtung für das Genie Mozarts. Durch ein gnädiges Handbillet ward ihr blos aus Rücksicht auf die Talente ihres Mannes das königl. Theater und die Kapelle zum Gebrauche für ihr Konzert überlassen; und ihre Unternehmung wurde nicht nur von dem Monarchen, sondern auch von dem ganzen Publikum auf das großmüthigste unterstützt. Ueber alle Beschreibung groß und rührend war die Wirkung, welche die Aufführung der Singstücke aus der Oper: *La Clemenza di Tito* bey dem Konzerte auf den König, und das so ungewöhnlich zahlreich versammelte Publikum machte. Alles war gleich begeistert, die großen Sänger, das vortreffliche Orchester und die Zuhörer. Der Geist des verewigten Künstlers, (so drückt sich ein Berliner Wochenblatt aus, worinn die Akademie sehr interessant beschrieben wurde) schien über der Versammlung zu schweben, als zum Anfange die Sinfonie aus der Zauberflöte von dem Orchester so meisterhaft vorgetragen, eine feyerliche, einweihende Stille hervorbrachte. Das Handbillet worinn der König von Preußen einen so rühmlichen Beweis seines guten Geschmackes und der Achtung für teutsches Talent gegeben, lautet wörtlich so:

»Sr. Königliche Majestät von Preußen etc. etc. machen sich ein wahres Vergnügen, durch die Gewährung des Wunsches der Wittwe Mozart zu beweisen, wie sehr Sie das Talent ihres verstorbenen Mannes geschätzt und die ungünstigen Umstände bedauert haben, welche ihm die Früchte seiner Werke einzuerndten verhinderten. Allerhöchst dieselben bewilligen der Wittwe Mozart zur Ausführung dessen letzter Komposition, *La Clemenza di Tito* das große Opernhaus, so wie Dero eigenes Orchester, haben auch dieserhalb die nöthigen Befehle an den Kammerherrn Freyherrn von der R e c k erlassen, an welchen sich selbige nunmehr zu wenden hat, und wegen des hiezu zu bestimmenden Tages und wegen des übrigen Details mit ihm sich gehörig zu besprechen. Berlin den 14ten Februar 1796.«

Fr. Wilhelm.

Selbst der Italiener seit Jahrhunderten im unbestrittenem Besitze des Meisterrechtes der Tonkunst überwand seinen Nationalstolz, und erkennt nun Mozarts Ueberlegenheit in der Musik an. Seine Opern werden in Rom, Mayland und andern Städten mit Beyfall gegeben; die Klaviersachen von jedermann gespielt; Meister studiren seine Partituren.

Noch früher hat Frankreich seiner Kunst gehuldiget. Der Beyfall den die Mysterien der Isis (Zauberflöte) in Paris erhielten ist ein Beweis davon. Don Juan machte kein so großes Glück; aber dieß war, wie alle Nachrichten einstimmig aussagten, die Folge der schlechten Darstellung des Stückes. Denn der hohe Werth der Musik selbst wurde vollkommen anerkannt. Seine Sinfonien, Klavierkonzerte, Quartetten werden allgemein bewundert, häufig gespielt, und im Stich und Druck ohne Aufhören neu aufgelegt.

England, welches deutsches Tonkünstlerverdienst von jeher schätzte und lohnte, kennt und bewundert auch Mozarts allgewaltigen Geist. Die Seelenmesse ward in London öfter mit dem größten Beyfalle aufgeführt; der Absatz seiner Werke, die bey Breitkopf und Härtel herausgekommen, ist nach England eben so stark, als in

Deutschland und Frankreich.

Wo giebt es überhaupt Kenner und Liebhaber der süßesten der Künste, wo nicht Mozarts Töne tönten und jedes Ohr entzückten? Selbst in den entferntesten Welttheilen, wohin kaum der Name der berühmtesten Europäer dringt, wiederhallen seine Harmonien. In den philippinischen Inseln, (schreibt unser Landsmann, der bekannte Botaniker Hänke) werden seine Werke mit Entzücken gehört.

Fußnoten:

[4] Anmerkung: Diese Reise nach Paris gab der Welt die große Sinfonie in D. die deshalb und ihres raschen Feuers wegen, die französische heißt.

[5] Vorzüglich der verehrte Herr D u s c h e c k, K u c h a r z, P r a u p n e r, J o h a n n K o z e l u c h, (nicht L e o p o l d d e r i n W i e n l e b t,) d i e b e y d e n L o s c h e k, M a s c h e k, C a j. V o g e l, W e n z e l, W e b e r, R ö s l e r, W i t a s s e k, T o m a s c h e k u. a. m.

[6] Der Verfasser las den Brief im Original, und fand ihn sehr gut geschrieben.

[7] Er unternahm sie im Frühjahr des Jahrs 1789.

[8] Mozart bearbeitete für ihn H ä n d e l s A c i s u n d G a l a t h e a, M e s s i a s, C e c i l i a, u n d d a s F e s t d e s A l e x a n d e r s in den Jahren 1788, 89, 90.

[9] Der Verfasser erzählt die Begebenheit, wie er sie oftmals aus dem Munde der Wittwe gehört hatte, und überläßt es jedem Leser Betrachtungen darüber anzustellen. Er sah eines der Billette, die der unbekannte Besteller an Mozart schrieb. Man kann daraus nichts Besonders abnehmen. Es ist sehr kurz, Mozart wird darinn ersucht das Requiem zu senden, und eine Summe zu bestimmen, um welche er jährlich eine gewisse Anzahl Quartetten machen könnte. Warum hat der unbekannte Verehrer der Talente Mozarts, (so nannte er sich,) für gut gefunden verborgen zu bleiben? Was ist mit dem Requiem geschehen? Man erfuhr nie, daß es damals irgendwo aufgeführt worden sey. Mozarts Freunden würde es ein großes Vergnügen machen, einigen Aufschluß über die Sache zu erhalten. Denn man kann keine gegründete Ursache denken, die eine solche geheimnißvolle Verborgenheit nothwendig machte.

[10] Dieser als Künstler und Mensch gleich verehrungswürdige Mann ist im Jahr 1798 im Dezember gestorben.

III. Mozart als Künstler und Mensch.

Die Körperbildung dieses außerordentlichen Menschen hatte nichts Auszeichnendes; er war klein, sein Angesicht angenehm, aber, wenn man das große, feurige Auge ausnimmt, kündigte es die Größe seines Genies auf den ersten Anblick nicht an.

Der Blick schien unstet und zerstreut, außer wenn er bey dem Klavier saß; da änderte sich sein ganzes Antlitz! Ernst und versammelt ruhte dann sein Auge; auf jeder Muskelbewegung drückte sich die Empfindung aus, welche er durch sein Spiel vortrug und in dem Zuhörer so mächtig wieder zu erwecken vermochte.

Er hatte kleine schöne Hände; bey dem Klavierspielen wußte er sie so sanft und natürlich an der Klaviatur zu bewegen, daß sich das Auge daran nicht minder, als das Ohr an den Tönen ergötzen mußte. Auch darinn zeichnete sich also Mozart vor den tummelnden Kraftgenies unserer Tage aus!

Der kleine Wuchs seines Körpers kam von seiner frühen Geistesanstrengung her, und von dem Mangel an freyer Bewegung in der Zeit seiner Kindheit. Er war zwar von schönen Eltern erzeugt, und selbst ein schönes Kind gewesen; aber von dem 6ten Lebensjahre an war er an eine sitzende Lebensweise gebunden; um diese Zeit fing er schon an zu schreiben! Und wie viel hat der Mann nicht in seinem Leben geschrieben? Da Mozart bekanntermaßen in der Nacht am liebsten spielte und komponirte und die Arbeit oft dringend war: so kann sich jeder vorstellen, wie sehr ein so fein organisirter Körper darunter leiden mußte! Sein früher Tod, (wenn er ja nicht auch künstlich befördert war), muß diesen Ursachen hauptsächlich zugeschrieben werden.

Aber in dem unansehnlichen Körper wohnte ein Genius der Kunst, wie ihn nur wenigen Lieblingen die Natur verlieh!

Die Größe und der Umfang seines Genies läßt sich nur nach dem so frühen, so beyspiellos schnellen Gange seiner Entwickelung, und nach der hohen Stufe der Vollkommenheit abmessen, auf die er in seiner Kunst gestiegen war. Kein Tonkünstler vor ihm hatte das weite Gebiet seiner Kunst so ganz umfaßt, und in jedem Zweige derselben so vollendete Produkte geschaffen, als Mozart. Von der Schöpfung einer Oper an, bis zu dem einfachen Liede, von der kritischen Erhabenheit einer Sinfonie, bis zu dem leichten Tanzstückchen herab; im Ernsten und Komischen tragen seine Werke überall den Stempel der reichsten Phantasie, der eindringendsten Empfindung, des feinsten Geschmackes. Sie haben eine Neuheit und Originalität, die eine getreue Beurkundung seines Genies ist. Selbst dasjenige, welches man ihm als Fehler vorwirft, zeuget von der Kraft seines freyen, eine neue Bahn gehenden Geistes. Dazu denke man noch die Vollkommenheit, die er zugleich im Klavierspielen erreicht hatte!

Alle diese so seltenen, so mannigfaltigen und so innig verwebten Vorzüge bestimmen den Rang, der ihm unter den Genien der Künste gebührt. Er war unstreitig einer der großen, schöpferischen Geister, die in ihrer Kunst Epoche machen, weil sie dieselbe vervollkommnen, oder doch ihren Nachfolgern neue Ansichten und Pfade eröffnen; nach deren Erscheinung aber die Kunst gewöhnlich still stehet, oder rückwärts geht.

Unter den schönen Künsten ist keine so sehr Sklavin der Mode und des Zeitgeschmackes, als die Musik. Da sie bey uns blos dem Vergnügen dient, blos Sache des Einzelnen bleibt, keinen Vereinigungspunkt, keine Anstalt hat, wodurch der Geschmack des Publikums die gehörige Richtung bekäme; da ferner ihre Theorie noch zu wenig bestimmt und entwickelt ist, um selbst den Künstlern eine Gränze zu zeigen oder ein Ideal vorzustellen: so muß sie immer zwischen der Laune der Mode, dem Eigensinne eines verderbten Geschmackes und zwischen den aufgestellten Mustern großer Künstler unstet hin und her schwanken, und erhält nie einen sichern Gang zur Vollkommenheit. Ueberdieß sind ihre Zeichen und Formen zu unbestimmt, und das Ohr, durch welches sie auf den Geist wirket, ist ein viel zu untreuer Bothe, seine Sensationen sind zu dunkel, als daß man so deutlich bestimmen könnte, welches darinn das wahre Schöne sey. Was dem großen Haufen gefällt – heißt s c h ö n! Das Neue hat einen starken Reiz; daher ist es seines Sieges über das bessere Alte gewiß; und darum gilt alte Musik und alte Mode einerley. Denn die wenigsten Menschen haben Geschmack und Kenntniß genug, um ächte Schönheit, vom Flitter zu unterscheiden. Wenn größere Geister durch ihre Meisterwerke mehr als eine augenblickliche Rührung hervorbringen, so summen doch der Leyermänner der zwey S c h w e s t e r n v o n P r a g, des T y r o l e r W a s t e l s, und dergl. schönen Sächelchen, so lange dem Publikum um die Ohren, bis der Nachhall schönerer Töne verschwindet! Dann kennt man die Namen großer Meister nur noch aus Büchern; ihre himmlischen Harmonien sind längst verhallt! Das ist gewöhnlich das traurige Schicksal der Musik! Wie viel Kraft, wie viel klassischen Gehalt muß also in den Werken Mozarts liegen, wenn ihre Wirkung von dieser Erscheinung eine Ausnahme machet? Ihre Schönheit empfindet man gewöhnlich dann erst recht lebhaft, wenn man sie öfters gehört, oder recht scharf geprüfet hat. Oder haben uns wohl F i g a r o, D o n J u a n, T i t u s, während ihrer vieljährigen Vorstellung noch jemals Langeweile gemacht? Hört man seine K l a v i e r k o n z e r t e, S o n a t e n, L i e d e r das dreyßigstemal nicht lieber noch, als das erstemal? Wer hat die tiefgedachten Schönheiten seiner Violin-Quartetten und Quintetten nach der häufigsten Wiederholung erschöpft? Dieses ist der wahre Probirstein des klassischen Werthes! Die Meisterstücke der Römer und Griechen gefallen bey fortgesetzter Lektüre und je reifer der Geschmack wird, immer mehr und mehr – das nemliche widerfährt dem Kenner und Nichtkenner bey der Anhörung Mozartischer Musik, besonders der dramatischen Werke. So ging es uns bey der ersten Vorstellung des D o n J u a n und insbesondere des Titus.

Ja eben itzt, nachdem die meisten Schöpfungen seiner Kunst 20 bis 30 Jahre alt sind, gefallen sie am meisten! Wie gern hört man nach dem Wirrwarr neuester Kompositeurs die stillerhabenen, klaren, so einfachen Gesänge unsers Lieblinges! Wie wohl thun sie unserm Gefühle – es ist als wenn man aus einem chaotischen Gewirre, aus dichter Finsterniß ins Licht und eine heitere Ordnung versetzt würde.

Nebst den oben angeführten Eigenheiten und Vorzügen des mozartischen Kunsttalentes, beobachtete an ihm der aufmerksame Schätzer seiner Werke einen gewissen f e i n e n S i n n, den Charakter jeder Person, Lage und Empfindung aufs genaueste zu treffen;

reddere convenientia cuique.

Diese Eigenschaft war sein wahrer Beruf zum dramatischen Komponisten, und ist zugleich der Erklärungsgrund des Zaubers und der großen Wirkung seiner Werke. Daher hat jede seiner Kompositionen einen bestimmten, eigenthümlichen Charakter, eine Individualität, die selbst in der Wahl der Tonart sich ankündigt. Kenner seiner Werke bedürfen keiner besondern Beyspiele, da alle Opern von seiner Komposition diese Eigenschaft im hohen Grade an sich haben; aber das schönste Muster davon ist *La Clemenza di Tito*. – Wie ganz anders bey den gewöhnlichen Kompositionen? Es sind größtentheils Gesänge von so unbestimmtem Charakter, daß sie eben so gut zu einer Messe, als *Opera buffa* taugen.

Eine andere auszeichnende Eigenheit seiner Werke ist die V e r b i n d u n g   d e r   h ö c h s t e n   K o m p o s i t i o n s k u n s t   m i t   L i e b l i c h k e i t   u n d   A n m u t h. Diese Vereinigung ist eine Aufgabe blos für Künstler von mozartischem Genie. Den Beweis davon giebt die Erfahrung. Wie selten trift man auf Kompositionen, die den beyden Forderungen Genüge leisteten? Entweder sind es blos kontrapunktische Kunststücke, die wohl allen Regeln des Satzes zusagen mögen; aber Wärme, Anmuth und Lieblichkeit, diese wahren Zaubermittel der Rührung, wußte ihnen ihr Meister nicht anzuziffern: oder es sind geistlose, fade Liedeleyen, ohne Sinn und Zusammenhang, kaum im Stande dem Ohre mit ihrem übersüßen Geklingel einen vorübergehenden Kitzel zu verursachen.

Wie ganz anders ist es beym Mozart? Wie schmilzt in seinen Werken das, was man Kunst des Satzes nennt, mit Anmuth, Lieblichkeit und Wohllaut so schön zusammen, daß das eine wegen des andern da zu seyn scheint – und beydes zur Hervorbringung des höchsten Effektes gleich wirksam ist! Und doch, wie mäßig und besonnen war er in dem Gebrauche der Süßigkeiten und Gewürze? Er kannte die hohe Forderung der Kunst und der Natur. Er schrieb was sein Genius ihm eingab, was sein richtiger Geschmack wahr fand, unbekümmert ob es nach dem Geschmacke des Parterres seyn würde oder nicht; und s o bildete er sich selber das Publikum, überzeugt, daß wahre Schönheit, wie die Wahrheit, endlich doch erkannt wird und gefällt. Dieß thaten immer große Künstler, welche die Kraft hatten einen eigenen Weg zu gehen, und der Mode nicht zu fröhnen.

Der Punkt dieser schönen Vereinigung der Gründlichkeit des Satzes mit Anmuth und Lieblichkeit ist gewiß die treffliche und vor seiner Zeit unbekannte Art die Blasinstrumente zu brauchen und wirken zu lassen. Hierinn glänzt sein erfinderisches G e n i e ohne Beyspiel und Nebenbuhler.

Er maß mit dem feinsten Sinne die Natur und den Umfang der Instrumente ab, zeichnete ihnen neue Bahnen vor, und gab jedem derselben die vortheilhafteste Rolle, um die kraftvolle Masse von Harmonie hervorzubringen, welche die Bewunderung aller Kenner erzwingt und das Muster und Studium der guten Köpfe bleiben wird. Wie ganz anders sehen hierinn die Kompositionen selbst großer Meister nach Mozarts Periode, als vor derselben aus? Wie unendlich viel haben sie gewonnen durch die Anwendung seiner Art, die Blasinstrumente zu setzen? Selbst des großen Haidns Werke bestättigen diese Behauptung. Man vergleiche die ältern Sinfonien von ihm, mit den neuern? Die Schöpfung schrieb Haidn erst nach Mozarts Epoche.

Wie leise schmiegen sich die Töne der Blasinstrumente dem Hauptgesange an? wie kühn wetteifern sie bald wieder mit der Singstimme? Welche feine Wendungen? Welche Mannichfaltigkeit und Abwechslung überall? Bald wieder, wo es der Gegenstand oder Affekt erfordert, wie abstehend der Kontrast? Wie gewaltig das Aufbrausen der Leidenschaft? Selbst in Stücken ohne Singstimmen lehrte Mozart seine Instrumente einen Gesang, der so vernehmlich zu dem Gefühle spricht, daß der Zuhörer nur wenig die Abwesenheit der Singstimme wahrnehmen kann. Man höre seine Andantes oder Romanzen, in den Klavierkonzerten und Quartetten!

Bey dem häufigen Gebrauche der Blasinstrumente, wie vollkommen wußte doch Mozart alle Ueberladung zu vermeiden? wie richtig den Ort und den Zeitpunkt zu treffen, wo sie Effekt machen? Nie ist ein Instrument verschwendet oder mißbraucht, und daher überflüssig. Aber nur e r verstand die Oekonomie mit dem geringsten Aufwande, oft durch einen einzigen Zug eines Instruments, durch einen A k k o r d , einen Trompetenstoß, einen Paukenwirbel die größte Wirkung hervorzuzaubern! Wie tief sind viele seiner Nachahmer hierinnen unter ihm?

So groß, so neu immer Mozart in der Instrumentalpartie seyn mag, so entfaltet sich doch sein mächtiges Genie noch r e i z e n d e r i n d e m S a t z e d e s G e s a n g e s f ü r m e n s c h l i c h e S t i m m e n . Hierinn erwarb er sich ein zweifaches, gleich großes Verdienst. Mit richtigem Geschmacke führte er ihn zu seiner anspruchslosen Mutter, der Natur und Empfindung zurück. Er wagte es den italienischen Sängern zu trotzen, [11] alle unnützen charakterlosen Gurgeleyen, Schnörkel und Passagen zu verbannen! Daher ist sein Gesang überall **einfach, natürlich, kraftvoll, ein reiner Ausdruck der Empfindung und der Individualität** der Person und ihrer Lage. Der Sinn des Textes ist immer so richtig und genau getroffen, daß man ausrufen muß: »Wahrlich die Musik spricht«! Aber Mozart scheint sich selbst zu übertreffen, wenn er den Gesang für mehrere Stimmen dichtet, **in Terzetten, Quartetten, Quintetten** d. h. in vielstimmigen Stücken; vorzüglich in seinen unübertrefflichen, wahrlich **einzigen Operfinalen**. Welcher Reichthum? welche Mannigfaltigkeit in Wendungen und Veränderungen? Wie schlingt sich da eine Stimme um die andere? wie schön vereinigen sie sich alle ein reizendes Ganze zu bilden, eine neue Harmonie hervorzubringen? Und doch sagt jede nur ihre eigene oft entgegengesetzte Empfindung! **Hier ist die größte Mannigfaltigkeit und die strengste Einheit vereinigt**. Man findet wohl **schöne** Arien auch bey andern Meistern: aber niemand wird in **vielstimmigen Sachen** Mozarten die Palme entreißen.

Doch wer mag sie alle entwickeln, die unzähligen Vorzüge, die unerschöpflichen Schönheiten seiner Kunst? Wer mag mit Worten das **Neue, Originelle, Hinreißende,**

Erhabene, Volltönende seiner Musik beschreiben? Seine Musik verfehlt nie ihre Wirkung, wenn sie nur pünktlich und mit Feuer vorgetragen wird. Freylich ist es nicht leicht seinem Geiste nachzufliegen; und da bey ihm jede Note mathematisch genau zu der Harmonie berechnet ist: so giebt es auch kein so arges Mißgetön, als wenn rohe Hände unwissender Bierfiedler sich an seine Heiligthümer wagen.

Die berühmtesten Tonkünstler erkannten die Größe seines Genies, und bewunderten seine Werke. J o s e p h   H a y d n , dieser Liebling der Grazien, der in seinem Alter noch das Gefühl eines Jünglinges zeigte, ist gewiß vor allen e i n   b e f u g t e r   u n d   b e r u f e n e r   R i c h t e r .

Sein Urtheil ist unpartheyisch, weil er als ein redlicher Mann bekannt ist, und Mozarts aufblühender Ruhm dem seinigen im Wege stand. Schon im Jahre 1785 da Mozarts Vater noch lebte, sagte J. Hayden bey einer Zusammenkunft in Wien zu ihm: »I c h   s a g e   I h n e n   v o r   G o t t   u n d   a l s   e i n   e h r l i c h e r   M a n n ,   d a ß   i c h   i h r e n   S o h n   f ü r   d e n   g r ö ß t e n   K o m p o n i s t e n   a n e r k e n n e ,   v o n   d e m   i c h   n u r   i m m e r   g e h ö r t   h a b e ;   e r   h a t   G e s c h m a c k   u n d   b e s i t z t   d i e   g r ü n d l i c h s t e   K e n n t n i ß   i n   d e r   K u n s t   d e r   K o m p o s i t i o n . «

Im Jahre 1787 im Dezember schrieb eben dieser große Mann an einen F r e u n d   i n   P r a g , der mit ihm seit langer Zeit in Briefwechsel stand, und ein Singspiel von seiner Komposition für Prag verlangte, folgenden merkwürdigen Brief:

»Sie verlangen eine *Opera buffa* von mir; recht herzlich gern, wenn Sie Lust haben von meiner Singkomposition etwas für sich allein zu besitzen. Aber um sie auf dem Theater zu Prag aufzuführen, kann ich Ihnen dießfalls nicht dienen, weil alle meine Opern zu viel auf unser Personale (z u Esterhaz in Ungarn) gebunden sind, und außerdem nie die Wirkung hervorbringen würden, die ich nach der Lokalität berechnet habe. Ganz was anders wär es, wenn ich das unschätzbare Glück hätte ein ganz neues Buch für das dasige Theater zu komponiren. Aber auch da hätte ich noch viel zu wagen, in dem der g r o ß e Mozart schwerlich jemanden andern zur Seite haben kann.«

»Denn, könnt ich jedem Musikfreunde besonders aber den Großen die unnachahmlichen Arbeiten Mozarts s o t i e f u n d m i t e i n e m s o l c h e n m u s i k a l i s c h e n V e r s t a n d e, m i t e i n e r s o g r o ß e n E m p f i n d u n g i n d i e S e e l e p r ä g e n, a l s i c h s i e b e g r e i f e u n d e m p f i n d e: so würden die Nationen wetteifern ein solches Kleinod in ihren Ringmauern zu besitzen. Prag soll den theuern Mann fest halten – aber auch belohnen; denn ohne dieses ist die Geschichte großer G e n i e s traurig, und giebt der Nachwelt wenig Aufmunterung zum fernern Bestreben; weßwegen leider! so viel hoffnungsvolle Geister darnieder liegen. Mich zürnet es, daß dieser e i n z i g e M o z a r t noch dieser e i n z i g e M o z a r t noch nicht bey einem kaiserlichen oder königlichen Hofe engagirt ist. Verzeihen Sie, wenn ich aus dem Geleise komme: ich habe den Mann zu lieb.«

Ich bin etc.

Joseph Hayden.

N. S. An das Prager Orchester und die dasige Virtuosen mein ergebenstes Kompliment. [12]

Wenn ein H a y d n so urtheilt, so begeistert spricht – ein Haydn, der allein unter allen Tonkünstlern über seinen Verlust zu trösten im Stande wäre, was will dann das Gekreische einiger kleinen Geister sagen, die an Mozarts Ruhme zu Rittern werden wollten?

Der chursächsische Kapellmeister H. Naumann bezeugte bey seinem Aufenthalte zu Prag auf eine schöne Art seine Hochachtung und Bewunderung für Mozarts Talente und Werke in einer rührenden Anrede an seinen Sohn, als ihm derselbe von seiner Freundin Duschek vorgestellt wurde. Wer die redliche anspruchslose Denkungsart dieses berühmten Meisters kannte, wird an der Wahrheit seiner Gesinnungen gewiß nicht zweifeln. [13]

Wie sehr ihn G l u c k geschätzt habe, ist schon erwähnt worden.

Cherubini, dessen Geist dem Mozartischen am nächsten verwandt scheint, ist sein größter Bewunderer, und hat seine Werke zum Gegenstande seines beständigen Studium gemacht. Alle

Neuern, wenn sie es auch nicht gestehen wollen, haben von Mozart gelernt, oder ahmen ihn nach!

Ein noch lebender, nicht unberühmter Tonsetzer in Wien sagte zu einem andern bey Mozarts Tode, mit vieler Wahrheit und Aufrichtigkeit: »Es ist zwar Schade um ein so großes Genie; aber wohl uns, daß er todt ist. Denn, würde er länger gelebt haben, wahrlich! die Welt hätte uns kein Stück Brod mehr für unsere Kompositionen gegeben.«

Die zahlreiche Klasse gründlicher Tonkünstler in Prag verdient mit Recht unter den Richtern über Mozarts hohen Werth einen ansehnlichen Platz. Die meisten von ihnen sprechen mit einer Achtung von Mozarts Werken, die ein rühmlicher Beweis ihrer Kenntnisse, und der Unbefangenheit ihres Herzens ist. – Einige, (lange noch nicht alle) sind in einer vorhergehenden Anmerkung genannt worden. Der brave Duschek mit seiner Gattin, die als Künstlerin und gebildete Frau im gleichen Maße auf Achtung und Beyfall Anspruch machen kann, waren Freunde und Bewunderer Mozarts. Wie viele treffliche Künstler, auf die B ö h m e n stolz ist – wie viele gründliche und geschmackvolle Dilletanten vom Adel und dem Bürgerstande, die in jedem andern Lande für Virtuosen gelten würden, müßte ich nennen, wenn ich alle Freunde und Verehrer seiner Werke und Talente in Böhmen herzählen wollte?

Doch um Mozart als Tonkünstler ganz kennen zu lernen, ist es nöthig ihn bey seinem

Schreibpulte, wenn er die unsterblichen Werke dichtete, zu beobachten!

Mozart schrieb alles mit einer Leichtigkeit und Geschwindigkeit, die wohl beym ersten Anblick Flüchtigkeit oder Eile scheinen konnte; auch kam er nie während des Schreibens zum Klavier. Seine Imagination stellte ihm das ganze Werk, wenn es empfangen war, deutlich und lebhaft dar. Die große Kenntniß des Satzes erleichterte ihm den Ueberblick der gesammten Harmonie. Selten trift man in seinen Konzeptpartituren ausgebesserte oder überstrichene Stellen an. Daraus folgt nicht, daß er seine Arbeiten nur hingeworfen habe. In seinem Kopfe lag das Werk immer schon vollendet, ehe er sich zum Schreibpulte setzte. Wenn er den Text zu einer Singkomposition bekam, so ging er lange Zeit damit herum, dachte sich ganz hinein, und erregte die Thätigkeit seiner Phantasie. Bey dem Klavier arbeitete er dann die Gedanken vollständig aus; und nun erst setzte er sich zum Schreiben hin. Daher war ihm das Schreiben eine leichte Arbeit, wobey er oft scherzte und tändelte. Es ist schon oben gesagt worden, daß er auch in seinen Mannsjahren halbe Nächte bey dem Klavier zubrachte, dieß waren eigentlich die S c h ö p f e r s t u n d e n seiner himmlischen Gesänge! Bey der schweigenden Ruhe der Nacht, wo kein Gegenstand die Sinne fesselt, entglühete seine Einbildungskraft zu der regesten Thätigkeit, und entfaltete den ganzen Reichthum der Töne, welchen die Natur in seinen Geist gelegt hatte. Hier war M o z a r t   g a n z Empfindung und Wohllaut – hier floßen von seinen Fingern die wunderbarsten Harmonien! W e r M o zart in solchen Stunden hörte, der nur kannte die Tiefe, den ganzen Umfang seines musikalischen Genies: frey und unabhängig von jeder Rücksicht durfte da sein Geist mit kühnen Fluge sich in die höchsten Regionen der Kunst schwingen. In solchen Stunden der dichterischen Laune schuf sich Mozart unerschöpflichen Vorrath; daraus ordnete und bildete er dann mit leichter Hand seine unsterblichen Werke.

Uebrigens wird jeder einsehen, daß eine reiche Ader der Gedanken dazu erfodert war. Ohne diese würde alle seine Kunst unfruchtbar geblieben seyn. Es giebt zwar Komponisten, die durch hartnäckigen Fleiß einige Gedanken erzwingen: aber wie bald versiegt ihre Quelle? Dann hört man sie nur wiederholen: ihre spätern Werke sind gewöhnlich nur die Musterkarte der frühern.

Diese Leichtigkeit, mit der Mozart schrieb, hat er, wie wir gesehen haben, schon als Knabe gezeigt; ein Beweis, daß sie ein Werk des Genies war. Aber wie oft überraschte er damit in seinen letzten Jahren selbst diejenigen, die mit seinen Talenten vertraut waren? Die genievolle Eingangssinfonie zum D o n J u a n ist ein merkwürdiges Beyspiel davon. Mozart schrieb diese Oper im Oktober 1787 zu Prag; sie war nun schon vollendet, einstudirt, und sollte übermorgen aufgeführt werden, nur die Ouverture fehlte noch.

Die ängstliche Besorgniß seiner Freunde, die mit jeder Stunde zunahm, schien ihn zu unterhalten; je mehr sie verlegen waren, desto leichtsinniger stellte sich Mozart. Endlich am Abende vor dem Tage der ersten Vorstellung, nachdem er sich satt gescherzt hatte, gieng er gegen Mitternacht auf sein Zimmer, fing an zu schreiben, und vollendete in einigen Stunden das bewundernswürdige Meisterstück, welches die Kenner nur der himmlischen Sinfonie der Zauberflöte nachsetzen. Die Kopisten wurden nur mit Mühe bis zur Vorstellung fertig, und das Opernorchester, dessen Geschicklichkeit Mozart schon kannte, führte sie *prima vista* vortrefflich auf. [14]

Die Musik zur Zauberflöte war schon im Julius 1791 fertig. In der Mitte des Augustus gieng Mozart nach Prag, schrieb da innerhalb 18 Tagen *La Clemenza di Tito*, welche am 5ten September aufs Theater kam. In der Mitte dieses Monaths reisete er nach Wien zurück, und schrieb ein paar Tage vor der Vorstellung der Zauberflöte, die am 30. September geschah, die beste aller Ouverturen und den Priestermarsch zum Anfang des 2ten Aktes.

Solche Beyspiele könnten häufig angeführt werden. Sein außerordentliches Gedächtniß zeigte sich auch schon in der Jugend; das aufgefaßte Miserere in Rom giebt einen vollen Beweis davon. Er behielt es ungeschwächt bis an sein

Ende.

Da man seine Kompositionen unglaublich suchte: so war er nie sicher, daß ihm nicht ein neues Werk selbst während des Kopirens abgestohlen werde. Er schrieb daher bey seinen Klavier-Konzerten gewöhnlich nur eine Zeile für eine Hand auf, und spielte das übrige aus dem Gedächtnisse. So hat er einst ein Klavierkonzert, welches er schon seit geraumer Zeit nicht in Händen gehabt hatte, in einer musik. Akademie aus dem Gedächtnisse gespielt, indem er die Prinzipalstimme in der Eile zu Hause vergaß.

Aber wie ist Mozart ein so g r o ß e r , ja ich möchte sagen, e i n z i g e r Mann in seiner Kunst geworden? Hat er alles der Natur, oder seinem Studium, seiner Ausbildung zu danken? Einige teutschen Schriftsteller sprechen von einer i n - s t i n k t a r t i g e n B e s c h a f f e n h e i t s e i - n e s G e i s t e s , welche ihn unwillkührlich zur Hervorbringung seiner Meisterwerke getrieben habe. Aber diese Herrn kennen sicher Mozarten gar nicht, und scheinen die Leichtigkeit, mit welcher er, wenn die Idee des Werkes einmal gebildet war, schrieb, für die instinktartige Wirkung seines Talentes zu halten. Freylich haben die Aeußerungen des Genies, in wiefern es angeboren ist, etwas instinktartiges: aber nur Bildung und Uebung – Studium giebt ihm Reife und Vollendung. Mozart hatte von der Natur ein Genie empfangen wie Shakespeare, aber er übertraf diesen an Geschmack und Korrektheit. Er produzirte mit Verstand und Wahl. Diese so seltene Vereinigung eines feinen Geschmackes und der richtigsten Beurtheilung mit den größten Naturanlagen, die Mozarten unter den Meistern seiner Kunst den ersten Rang giebt, war größtentheils sein Werk – das Werk seines Eifers, seines Fleißes; das Werk des tiefen und gründlichen Studiums der Kunst.

Aus der Geschichte seiner Jugend haben wir gesehen, wie sorgfältig er jede Gelegenheit benützte, um zu lernen; wie weise und streng ihn sein Vater dazu leitete; wie tief er in die Geheimnisse der Kunst so früh schon eingedrungen war. Aber wir wollen ihn selbst darüber hören.

Einst – (es war nach den ersten Proben seines Don Juan) – gieng Mozart mit dem damaligen Orchesterdirektor und Kapellmeister Herr Kucharz [15] spazieren. Unter andern vertraulichen Gesprächen kam die Rede auf Don Juan. Mozart sagte: »Was halten sie von der Musik zum Don Juan? Wird sie so gefallen, wie Figaro? Sie ist von einer andern Gattung!

K u c h . Wie können Sie daran zweifeln? Die Musik ist schön, originell, tief gedacht. Was von Mozart kommt wird den Böhmen gewiß gefallen.

M o z . Ihre Versicherung beruhigt mich, sie kommt von einem Kenner. Aber ich habe mir Mühe und Arbeit nicht verdrüßen lassen, für Prag etwas vorzügliches zu leisten. Ueberhaupt irrt man, wenn man denkt, daß mir meine Kunst so leicht geworden ist. Ich versichere Sie, lieber Freund! niemand hat so viel Mühe auf das Studium der Komposition verwendet als ich. E s giebt nicht leicht einen berühmten Meister in der Musik, den ich nicht fleißig, oft mehrmal durchstudirt hätte.«

Und in der That, man sah die Werke großer Tonkünstler, auch da noch, als er bereits klassische Vollkommenheit erreicht hatte, auf seinem Pulte.

Sein gewandter Geist wußte sich den Charakter eines jeden so anzueignen, daß er sie oft zum Scherze im Satze und Stile bis zum Täuschen nachahmte.

Sein Gehör war so fein, faßte die Verschiedenheit der Töne so gewiß und richtig auf, daß er den geringsten Fehler oder Mißton selbst bey dem stärksten Orchester bemerkte, und dasjenige Subjekt oder Instrument, welches ihn begieng genau anzugeben wußte. Nichts brachte ihn so sehr auf, als Unruhe, Getöse oder Geschwätz bey der Musik. Da gerieth der so sanfte, muntere Mann in den größten Unwillen, und äußerte ihn sehr lebhaft. Es ist bekannt, daß er einst mitten im Spiele unwillig von dem Klavier aufstand, und die unaufmerksamen Zuhörer verließ. Dieses hat man ihm vielfältig übel genommen; aber gewiß mit Unrecht. Alles, was er vortrug, empfand er selbst auf das stärkste – sein ganzes Wesen war dann Gefühl und Aufmerksamkeit: wie konnte ihn also kalte Fühllosigkeit, Unaufmerksamkeit: oder gar ein störendes Geschwätze in der Laune und Fassung erhalten? Als begeisterter Künstler vergaß er da auf alle andere Rücksichten.

Wie reizbar lebhaft sein Kunstsinn gewesen sey, kann man aus dem schließen, daß er bey der Aufführung einer guten Musik bis zu Thränen gerührt wurde: vorzüglich wenn er etwas von den beyden großen H a y d n hörte. Aber nicht allein Musik, jeder andere rührende Gegenstand ergriff sein ganzes Gefühl und erschütterte ihn. Seine Einbildungskraft war immer thätig, immer mit Musik beschäftigt; daher schien er oft zerstreut und gedankenlos.

S o g r o ß w a r M o z a r t a l s K ü n s t l e r ! Den Forscher der menschlichen Natur wird es nicht befremden, wenn er sieht, daß dieser als Künstler so seltene Mensch, nicht auch in den übrigen Verhältnissen des Lebens ein g r o ß e r M a n n war. Die Tonkunst machte die Haupt- und Lieblingsbeschäftigung seines ganzen Lebens aus – um diese bewegte sich sein ganzes Gedanken- und Empfindungsspiel; alle Bildung seiner Kräfte, die das Genie des Künstlers ausmachen, ging von da aus und bezog sich darauf. Ist es ein Wunder, wenn er den übrigen Dingen um sich weniger Aufmerksamkeit widmete? Er war Künstler, war es ganz und in einer bewundernswürdigen Größe: das ist genug! Wer mag indeß die Gränzlinien seiner Geistkräfte so genau ziehen, um behaupten zu können, Mozart habe außer seiner Kunst zu nichts sonst Anlage oder Fähigkeit gehabt? Man setzt freylich das Wesen des Künstler-Genies in eine überwiegende Stärke der untern oder ästhetischen Kräfte der Seele, aber man weiß auch, daß die Künste besonders die Musik häufig einen scharfen Ueberblick, Beurtheilung und Einsicht in die Lage der Dinge erfodern; welches bey Mozart um so gewisser vorauszusetzen ist, da er kein gemeiner mechanischer Virtuos eines Instrumentes war, sondern das ganze weite Gebieth der Tonkunst mit seltner Kraft und Geschicklichkeit umfaßte.

Wie schön und beneidenswerth ist übrigens der Wirkungskreis eines Tonkünstlers? Mit seinen süßen Harmonien entzückt er tausend gefühlvolle Seelen; er schafft ihnen die reinste Wonne; er erhebt, besänftiget, tröstet! Auch dann wenn er nicht mehr ist, lebt er dennoch in seinen widerholenden Gesängen – Tausende segnen und bewundern ihn.

M o z a r t hatte schon in seiner Jugend zu allen Kenntnissen, die man ihm beyzubringen für nöthig fand, eine große Anlage gezeigt, in allen schnelle Fortschritte gemacht; von der Arithmetik ist Erwähnung geschehen. Auch in seinen spätern Jahren liebte er diese Kenntniß sehr und war wirklich ein ungemein geschickter Rechenmeister. Eben so groß war sein Talent zur Sprachwissenschaft; er verstand F r a n z ö - s i s c h ,   E n g l i s c h ,   I t a l i e n i s c h   und T e u t s c h . Die lateinische Sprache lernte er in spätern Jahren, und zwar nur so weit, als es zur Verständniß des Kirchentextes, den er allenfalls in Musik zu setzen hätte, erfordert war. In allen übrigen Sprachen hat er die guten Schriftsteller gelesen und verstanden. Er machte oft selbst Verse; meistens aber nur bey scherzhaften Gelegenheiten. [16] In den übrigen Fächern hatte Mozart wenigstens so viel historische Kenntniß, als für einen Mann von Bildung nöthig war.

Zu bedauern ist es, daß er nicht über seine Kunst schrieb! Aus einem Briefe, welchen er an F. v. Trattner, eine seiner Schülerinnen über den V o r t r a g der für sie gesetzten Klavierphantasie geschrieben hatte, konnte man sehen, daß er nicht nur die Prax, sondern auch die Theorie seiner Kunst vollkommen verstand. Der Brief ist, leider! nicht zu finden gewesen.

In einem Heft einer musikalischen Zeitschrift von Berlin vor einigen Jahren wurde von Mozart behauptet, er habe eigentlich keine h ö here Bildung gehabt. Es ist schwer zu errathen, was der Verfasser mit den Worten höhere Bildung gemeint habe. Mozart hatte die Welt gesehen, er kannte die Schriftsteller der gebildetesten Nationen, zeigte überall einen offenen und freymüthigen Geist: was fehlte ihm also zur höhern Kultur? Muß man in Göttingen oder Jena studirt haben, um höhere Bildung zu erlangen? Oder besteht die höhere Bildung darinn, daß man weiß, was teutsche Schriftsteller sagen? daß man von allen zu schwatzen verstehet?

Der moralische Charakter Mozarts war bieder und liebenswürdig. Unbefangene Herzensgüte und eine seltene Empfindlichkeit für alle Eindrücke des Wohlwollens und der Freundschaft waren seine Grundzüge. Er überließ sich diesen liebenswürdigen Regungen ganz, und wurde daher mehrmal das

Opfer seines gutmüthigen Zutrauens. Oft beherbergte und pflegte er seine ärgsten Feinde und Verderber bey sich.

Er hatte zwar oft mit einem schnellen Blicke auch versteckte Charaktere aus dem Innersten ausgeholt: aber im Ganzen genommen, hatte er zu viel Gutmüthigkeit um Menschenkenntniß zu erlangen. Selbst die Art seiner E r z i e h u n g , die u n s t ä t e L e b e n s a r t a u f R e i s e n , wo er nur für seine Kunst lebte, machte eine wahre Kenntniß des menschlichen Herzen unmöglich. Diesem Mangel muß man manche Unklugheit seines Lebens zu schreiben.

Uebrigens hatte Mozart für die Freuden der Geselligkeit und Freundschaft einen offenen Sinn. Unter guten Freunden war er vertraulich wie ein Kind, voll m u n t e r e r Laune; diese ergoß sich dann meistentheils in den drolligsten E i n f ä l l e n . Mit Vergnügen denken seine Freunde in Prag an die schönen Stunden, die sie in seiner Gesellschaft verlebten; sie können sein gutes argloses Herz nie genug rühmen; man vergaß in seiner Gesellschaft ganz, daß man M o z a r t den bewunderten Künstler vor sich habe.

Nie verrieth er einen gewissen K u n s t - P e d a n t i s m u s , der an manchen Jüngern Apollos so widerlich ist. Er sprach selten und wenig von seiner Kunst, und immer mit einer liebenswürdigen Bescheidenheit. Hochschätzung des wahren Verdienstes und Achtung für die Person leiteten seine Urtheile in Kunstsachen. Es war gewiß rührend, wenn er von den b e y d e n

H a y d n , oder andern großen Meistern sprach: man glaubte nicht dem allgewaltigen Mozart, sondern einen ihrer begeisterten Schüler zu hören.

Ich kann hier eine Anekdote nicht übergehen, die eben so sehr seinen geraden Sinn, und den Unwillen gegen lieblose Tadelsucht, als seine große Achtung für Joseph H a y d n beweiset. Sie sey zugleich ein Beyspiel seiner guten Einfälle.

In einer Privatgesellschaft wurde einst ein neues Werk von Joseph Haydn gemacht. Nebst Mozart waren mehrere Tonkünstler gegenwärtig, unter andern L. K..., der noch nie jemanden gelobt hatte, als sich selbst. Er stellte sich zum Mozart und tadelte bald dieses bald jenes. Mit Geduld hörte ihn dieser eine Zeit an; als es ihm aber zu lang dauerte, und der Tadler endlich wieder bey einer Stelle mit Selbstgenügsamkeit ausrief: »Das hätt' ich nicht gethan« – erwiederte Mozart: Ich auch nicht; wissen Sie aber warum? Weil w i r e s b e y d e nicht so gut getroffen hätten! – Durch diesen Einfall machte er sich einen unversöhnlichen Feind mehr.

Mit einer solchen Bescheidenheit verband Mozart dennoch ein edles B e w u ß t s e y n seiner Künstlerwürde. Wie wäre es auch möglich gewesen nicht zu wissen, wie g r o ß er sey? Aber er jagte nie nach dem Beyfalle der Menge; selbst als Kind rührte ihn nur das Lob des Kenners. Daher war ihm alles gleichgültig, was blos aus Neugierde ihn anzugaffen gekommen war.

Oft ging dieses Betragen vielleicht zu weit. Er war daher bisweilen auch in der Gegenwart großer Herrn vom höchsten Range zum Spielen nicht zu bewegen; oder er spielte nichts als Tändeleyen, wenn er merkte, daß sie keine Kenner oder wahre Liebhaber sind. Aber Mozart war der gefälligste Mann von der Welt, wenn er sah, daß man Sinn für seine Kunst besitze; er spielte Stunden lang dem geringsten, oft unbekannten Menschen. Mit aufmunternder Achtsamkeit hörte er die Versuche junger Künstler an, und weckte durch eine liebevolle Beyfallsäußerung das schlummernde Selbstbewußtseyn.

Unser beste Klavierspieler und beliebter Tonsetzer Joh. Witassek dankt ihm diese Erweckung seines Talentes. Die wenigen Stunden die er bey Mozart zubrachte, schätzt er nach eigenem Geständnisse für einen großen Zuwachs zu seiner Ausbildung.

Menschenfreundlich und uneigennützig war M o z a r t im hohen Grade. Darum sammelte er kein Vermögen. Ganz im Reiche der Töne lebend, schätzte er den Werth des Geldes und der übrigen Dinge zu wenig. Daher arbeitete er viel umsonst, aus Gefälligkeit oder Wohlthätigkeit. Jeder reisende Virtuos war gewiß, wenn er sich ihm durch Talent oder moralischen Charakter zu empfehlen wußte, eine Komposition für sich zu erhalten. So entstanden die Konzerte für die übrigen Instrumente, so eine Menge einzelner Singkompositionen, unter andern die majestätischen Chöre zu dem Schauspiele, König Tamos, die den erhabensten Werken Händels und

Glucks an die Seite gesetzt werden.

Aber selbst die Bezahlung, die er für seine Arbeiten bekam, war meistens mittelmäßig. Der Theaterunternehmer Guardasoni zahlte ihm für Don Juan nur hundert Dukaten.

V e r s t e l l u n g und S c h m e i c h e l e y war seinem arglosen Herzen gleich fremd; jeder Zwang, den er seinem Geiste anthun mußte, u n a u s s t e h l i c h . Freymüthig und offen in seinen Aeußerungen und Antworten, beleidigte er nicht selten die Empfindlichkeit der Eigenliebe, und zog sich dadurch manchen Feind zu.

Seine hohe Kunst und der liebenswürdige Charakter verschafften ihm Freunde, die ihn von ganzer Seele liebten und für sein Wohl eifrig besorgt waren. Es würde das Zartgefühl dieser edlen Menschen beleidigen, wenn sie hier namentlich angeführt würden; wie wäre es auch möglich alle zu kennen und zu nennen? Indem mir also diese Betrachtung verbiethet von der großmüthigen Freundschaft eines B. v. S**, und des Kaufmannes B** in Wien zu reden: so sey es wenigstens erlaubt hier der ausgezeichneten Wohlthätigkeit eines Wiener Bürgers gegen Mozart zu erwähnen. Dieser brave Mann, ein Flecksieder vom Gewerbe, ohne Mozart persönlich zu kennen, blos von Bewunderung für seine Kunst hingerissen, verschaffte seiner kranken Gemahlin, (die nach der Verordnung der Aerzte wegen einer Lähmung am Fuße Bäder vom gekochten Magengekröße brauchen mußte), die Gelegenheit in seinem eigenen Hause durch geraume

Zeit die Kur mit vieler Bequemlichkeit brauchen zu können. Er lieferte ihr nicht nur die Flecke unentgeltlich und ersparte dadurch Mozarten eine Auslage von mehreren hundert Gulden, sondern verlangte auch für Logis und Kost gar nichts. Aehnliche Beyspiele eines solchen Enthusiasmus für die hohe Kunst Mozarts sind sehr häufig.

Aber Mozart hatte auch Feinde, zahlreiche, unversöhnliche Feinde. Wie hätten ihm auch diese mangeln können, da er ein so g r o ß e r K ü n s t l e r und e i n s o g e r a d e r M a n n w a r ? Und diese waren die unlautere Quelle, aus welcher so viele häßliche E r z ä h l u n g e n von seinem L e i c h t s i n n e, s e i n e n A u s s c h w e i f u n g e n geflossen sind. Mozart war Mensch, folglich Fehlern unterworfen wie alle Menschen. Die nemlichen Eigenschaften und Kräfte, die das Wesen seiner großen Talente ausmachten, waren zugleich Reiz und Anlaß zu manchen Fehltritte: brachten Neigungen hervor, die freylich bey Alltagsmenschen nicht angetroffen werden. Seine Erziehung und Lebensart bis zu dem Zeitpunkte, da er sich in Wien niederließ, war auch nicht gemacht ihm Menschenkenntniß und Welterfahrung zu verschaffen. Denke man sich einen so zart organisirten Jüngling – einen Tonkünstler von seiner Empfindung in einer Stadt, wie Wien, sich selbst überlassen? Braucht es mehr um zur Nachsicht gegen seine Fehler gestimmt zu werden? Man muß aber gegen diese Erzählungen überhaupt mißtrauisch seyn, da gewiß der größte Theil baare Unwahrheiten, und nichts als Schmähungen des scheelsüchtigen Neides sind. Wir haben dieß in Rücksicht seiner hinterlassenen Schulden schon bemerkt. Niemand wird es unbegreiflich finden, warum die Welt diesen Ausstreuungen so leicht Glauben beymißt, wenn er sich erinnert, daß man gewöhnlich mit einem Tonkünstler den Begriff eines Verschwenders oder Wüstlings verbindet. Aber zahlreiche Beyspiele achtungswürdiger Künstler haben bewiesen, wie sehr dieses Vorurtheil einzuschränken sey.

In seiner Ehe mit K o n s t a n z a   W e b e r lebte Mozart vergnügt. Er fand an ihr ein gutes, liebevolles Weib, die sich an seine Gemüthsart vortrefflich anzuschmiegen wußte, und dadurch sein ganzes Zutrauen und eine Gewalt über ihn gewann, welche sie nur dazu anwendete, ihn oft von Uebereilungen abzuhalten. Er liebte sie wahrhaft, vertraute ihr alles, selbst seine kleinen Sünden – und sie vergalt es ihm mit Zärtlichkeit und treuer Sorgfalt. Wien war Zeuge dieser Behandlung, und die Wittwe denkt nie ohne Rührung an die Tage ihrer Ehe. [17]

Seine liebste Unterhaltung war M u s i k ; wenn ihm seine Gemahlinn eine recht angenehme Ueberraschung an einem Familienfeste machen wollte, so veranstaltete sie in Geheim die Aufführung einer neuen Kirchen-Komposition von Michael oder Joseph Haydn.

Das Billardspiel liebte er leidenschaftlich, vermuthlich weil es mit Bewegung des Körpers verbunden ist; er hatte ein eignes zu Hause, bey dem er sich täglich mit seiner Frau unterhielt. Die Schönheit der Natur im Sommer war für sein tieffühlendes Herz ein entzückender Genuß; er verschaffte sich ihn, wenn er konnte, und miethete daher fast alle Jahre Gärtchen in der Vorstadt, wo er den Sommer zuzubringen pflegte.

Erstaunend ist die Arbeitsamkeit seiner letzten Lebensjahre.

Aus dem vollständigen Verzeichnisse seiner Kompositionen seit dem Jahre 1784 bis zu seinem Tode, in welches er mit eigener Hand das Thema eines jeden Stückes und den Tag der Vollendung eintrug, sieht man wie viel er oft in einem Monathe gearbeitet hatte? [18] Nur die Größe und Fruchtbarkeit seines Genies macht die Möglichkeit so vielfacher Arbeit begreiflich. So schrieb er innerhalb der 4 letzten Monathe seines Lebens, wo er schon kränkelte, und Reisen machte:

- 1) Eine Klavierkantate: »Die ihr des unermeßlichen Weltalls Schöpfer ehrt.«
- 2) Die Zauberflöte.
- 3) *La Clemenza di Tito.*
- 4) Ein Klarinett-Konzert für H. Stadler.
- 5) Eine Kantate für ein ganzes Chor.
- 6) Das Requiem.

Eine ungeheure Anstrengung, die seine Kräfte erschöpfen mußte!

So wurde M o z a r t ein Wunder seiner Kunst, der Liebling seines Zeitalters! Sein kurzes, aber glänzendes Künstlerleben macht in der Geschichte der Tonkunst eine neue Epoche.

Der große, feurige Geist, der in seinen Werken waltet und der volle Strom der Empfindung reißen jedes gefühlvolle Herz mit unwiderstehlicher Gewalt hin. Der süße Zauber seiner Harmonien entzückt das Ohr; die Fülle der Gedanken, das Neue in ihrer Ausführung machen das Gefallen seiner Musik dauerhaft. Wer einmal an M o z a r t Geschmack gefunden hat, der wird durch andere Musik schwer zu befriedigen seyn. Und a l l e diese Vollkommenheiten hat er i n e i n e m A l t e r erreicht, das für gewöhnliche Künstler kaum der Zeitpunkt d e r e r s t e n A u s b i l d u n g ist! Da er starb, hatte sein Ruhm bereits eine Größe, wie sie nur selten auch der glücklichste Künstler hoffen darf – und wie kurz war sein Leben? Er hatte noch nicht das 35te Jahr vollendet, als er starb! Was würde sein unerschöpflicher Geist der Welt noch geliefert haben? – –

Wär er nach England gegangen – sein Ruhm würde neben H ä n d e l s unsterblichem Namen glänzen: in Teutschland rang sein Geist oft mit Mangel; seinen G r a b e s h ü g e l z e i c h n e t n i c h t e i n m a l e i n e s c h l e c h t e I n s c h r i f t a u s ! –

Auf seinen Tod erschienen mehrere Trauer-Kantaten; darunter zeichnen sich zwey aus, vom

Herrn W e s s e l y und K a r l K a n n a b i c h dem jüngern aus München.

Einfach und edel war das Fest, welches die Hörer der Rechte zu Prag in ihrer musikalischen Akademie, bey der Anwesenheit der Wittwe im Jahre 1794 Mozarts Andenken weiheten; es wurde durch ein Gedicht verherrlichet, welches den Profess. Meinert zum Verfasser hat. Ein Paar Stanzen daraus verdienen hier allerdings einen Platz.

Ach! er ward uns früh entrückt,
Der die Saiten der Empfindung,
Wie ihr Schöpfer kannt' und griff;
In harmonische Verbindung
Ihre kühnsten Töne rief:
Jetzt ein Gott in seines Zornes
Donner rauschend niederfuhr,
Itzo lispelnd wie des Wiesenbornes
Welle floß in stiller Flur.

Ach! schon grünt des Edlen Hügel:
Aber ganz birgt er ihn nicht.
Eines, das durch Gräber Riegel,
Ewig jung und göttlich bricht,
E i n e s lebt – der hohe reine
Geistesabdruck ist dieß E i n e ,
Das zur Ewigkeit entblüht,
Norne! deinem Dolch entflieht.

Fühlt ihr in der Saiten Beben,
Im begeisternden Gesang,
In des Herzens Sturm und Drang
Fühlt ihr des Entschlaf'nen Leben?
Horch! es tönen Engelharmonien, –

Das ist Mozart! Seht ihr ihn
Lichtbekränzt? Mit Feentritte
Wallt sein Geist in eurer Mitte.

Fußnoten:

[11] Auch dieß ist eine Ursache der Abneigung der welschen Sänger gegen seine Werke; eine noch stärkere ist die Mühe, die es ihrer Unwissenheit kostete seine Gesänge einzustudiren. Mozart hat zwar bisweilen von diesem Grundsatze eine Ausnahme gemacht. Aber war er denn in bestellten Sachen immer frey? Mußte er nicht gegen Sänger gefällig seyn, wenn er wünschte, daß sie ihm die Sachen nicht verderben? Darum müßte man immer die Sänger kennen, für die er schrieb, wenn man ein richtiges Urtheil über seine dramatischen Werke fällen wollte.

[12] Ich habe dieses schätzbare Denkmal einer edlen Seele der gütigen Mittheilung des H e r r n R o t h Proviantoberverwalter zu Prag (an den der Brief geschrieben war) zu danken. Da er für den Geist und das Herz seines Verfassers nicht minder ruhmvoll ist, als für Mozart: so ließ ich ihn hier w ö r t l i c h n a c h d e m O r i g i n a l e a b d r u c k e n.

[13] Der Verfasser hatte das Vergnügen Augenzeuge der schönen Scene zu seyn.

[14] Die Begebenheit ist in Prag allgemein bekannt.

[15] Anmerkung. Ein trefflicher Schüler Seegerts,

und biederer Mann. Diese Anekdote habe ich aus seinem Munde.

[16] Dieß war unter andern der Fall bey dem Tode eines geliebten Staares, den er in seinem gemietheten Garten ein ordentliches Grabmahl errichtet, und mit einer Inschrift versehen hatte. Thiere und insbesondere Vögel liebte er sehr.

[17] Die achtungswürdige Frau beträgt sich in ihrem Wittwenstande sehr klug, und sorgt für ihre 2 Söhne mütterlich. Sie lebt in Wien von ihrer Pension und dem kleinen Erwerbe aus dem Nachlasse ihres Mannes.

[18] Der Verfasser hatte es bey der Ausarbeitung dieser Biographie im Originale vor sich.

IV. Nachricht von Mozarts Werken.

Es ist fast kein Zweig der Tonkunst, in welchem Mozart nicht mit entschiedenem Glücke seine Kräfte versucht hätte.

D r a m a t i s c h e M u s i k , und die K l a v i e r k o m p o s i t i o n e n haben ihm am meisten Ruhm erworben. Wenn man seine Werke besonders die theatralischen nach der Zeitfolge ihrer Entstehung betrachtet, so merkt man deutlich den Gang seines zur Vollkommenheit schreitenden Geistes. In den frühern, z. B. in der Oper Idomeneo und der E n t f ü h r u n g a u s d e m S e r a i l , auch noch zum Theil im F i g a r o strömt das ganze Feuer einer jugendlichen Phantasie und eine Fülle üppiger Empfindung ohne Gränzen. Es ist mehr Wärme, als Licht darinn – die Massen des Gesanges und der Harmonie sind nicht so bestimmt, wie in den spätern Werken, in welchen dieser Strom der Empfindung immer sanfter sich in sein Bett zurückzieht, alles leichter, einfacher und korrekter wird. Nirgends ist diese Reife des Geschmackes sichtbarer, als in der *Clemenza di Tito*, und dem Requiem. Daraus läßt es sich schließen, was man noch von Mozart zu erwarten berechtiget war?

Einige K u n s t r i c h t e r haben mit sinnreicher Feinheit zwar die Vortrefflichkeit seiner Instrumentation, d. i. den mehr mechanischen Theil der Kunst anerkannt, aber das, was blos Sache des Genies ist, die Singparthie getadelt, – sie haben behauptet, Mozart sey hierinn nicht so groß, als in der Instrumentalparthie. Die Gränzen dieser Schilderung erlauben es nicht, die Grundlosigkeit davon zu zeigen, oder die Werke Mozarts von dieser Ansicht zu betrachten. Die Tadler mögen indessen nur beherzigen, daß gerade diese Seite seiner Werke von gründlichen und berufenen Richtern immer am meisten bewundert worden ist. Was konnte denn in seinen Opern und den übrigen Singkompositionen so sehr gefallen, wenn es d e r G e s a n g nicht war? Das Volk versteht wenig von der Schönheit des Instrumentalsatzes; gerade dieser Theil seiner Werke, der große Geschicklichkeit der Subjekte erfodert, wird gewöhnlich schlecht aufgeführt – und doch brachten die meisten seiner Singkompositionen so viel Wirkung, so viel Enthusiasmus hervor? dieß konnte nur der e i n f a c h e , s c h ö n e , r h y t h m i s c h e G e s a n g b e w i r k e n . Warum singt man seine Melodien so gern nach? Warum sind so viele davon Volksgesänge geworden? Wie wahr, wie lebhaft weiß Mozart den Sinn der Worte des Dichters auszudrücken? Dringt sein Gesang nicht überall dem Zuhörer ans Herz? Wenn dieß der höchste Z w e c k der Tonkunst ist, wer hat ihn vollkommener e r r e i c h t a l s M o z a r t ?

Man könnte zahlreiche Beyspiele anführen, wo Mozart mit einem feinen ästhetischen Sinne selbst die Worte und Ideen des Dichters durch schöne Wendungen der Melodie erhoben und verbessert hat. Sein Gesang haucht den Worten meistentheils erst Wärme und Leben ein; fast immer liegt darinn noch mehr Sinn und Empfindung, als in den Worten. Daher haben selbst elende Poesien blos durch seine Komposition gefallen. Die Zauberflöte und *Cosi fan tutte* sey Beweis.

Die Gestalt, in welcher die alte *Opera seria* von Metastasio *La Clemenza di Tito* bey seiner Musik erscheint, ist das Werk seines richtigen Urtheiles und Geschmackes. Und ein solcher Kompositeur, der den Geist des Textes, das eigene der Situation so faßte und verstand – ihn oft verbesserte noch öfter erhob, soll keine höhere Bildung gehabt haben?

»Aber Mozarts Werke sind so s c h w e r , so k r i t i s c h , v o l l K u n s t und so w e n i g für das Gehör.«

Auf gleiche Art klagen oft Schulknaben über die Dunkelheiten und Schwierigkeiten des Horaz. Man muß darüber lächeln! Wen trifft hier der Vorwurf? Schrieb Mozart bloß für Schüler? oder ist dasjenige, was er für sie schrieb, nicht leicht und verständlich? Das Schwere in seinen Werken ist nicht A b s i c h t , ist n u r F o l g e der Größe und Originalität seines Genies. Dieß hat Mozart mit allen großen Künstlern gemein. P o p u l ä r durften alle seine Werke nicht seyn; wo Popularität nöthig war, da hat er sie vollkommen erreicht. Findet in seinen Singspielen nicht der Kenner und der bloße Liebhaber Gerüchte für seinen Gaum? Auch die e r h a b e n s t e n S a c h e n von seiner Hand, wo er sich in der ganzen Stärke seiner Kunst des Kontrapunktes zeigt, haben so viel Schönheit an sich, daß sie auch uneingeweihten Ohren gefallen, wenn sie nur richtig, und geschmackvoll vorgetragen werden. Aber hier liegt der Knoten – das ist größtentheils der Grund solcher Klagen. Ueberdieß erheischt seine Musik ein reines Gefühl, ein unverdorbenes Ohr: wer dieses nicht mitbringt, für den hat Mozart nicht geschrieben. [19]

Der Tadel einer Klasse von Menschen, denen seine Musik nicht gefällt, entscheidet nichts gegen ihre Vortrefflichkeit; so wie Rafaels Ruhm nicht geschmählert wird, wenn dem ehrlichen Schneiderjungen ein buntes Allerley von einem Schmierer besser ins Auge fällt, als Rafaels Meisterstücke. Oder gab es nie Ohren, welchen die rauhe Pfeife des Waldgottes entzückender schien, als die himmlischen Töne Apollos? – Wem Mozarts Musik nicht genug fürs Gehör zu seyn scheint, der dürfte wohl den Fehler eigentlich in seinen Ohren suchen. Was werden so delikate Ohren zu der Musik der neuern Tonsetzer sagen?

Mit seinen Werken wird nun von den Uebersetzern und Musikhändlern ein wahrer Unfug getrieben, wobey das Publikum oft angeführt, und der Name des großen Meisters größtentheils geschändet wird. Man hängt ihn erstens als Anempfehlungsschild so manchem Machwerk vor, das seines Geistes ganz unwürdig ist; noch häufiger ist der Fall, daß unbefugte Uebersetzer aus seinen größern Werken Klaviersachen zusammenstoppeln, die dann als Originalwerke verkauft werden, und nothwendig schlechter seyn müssen, als seine übrigen Klavierkompositionen.

Eben so nachtheilig für seinen Ruhm ist es, daß man so häufig aus Mangel an neuern Werken von seiner Meisterhand, ältere Kompositionen, zum Theil aus seiner frühen Jugend herausgiebt, ohne diesen Umstand dem Publikum zu sagen. Solche Werke sind größtentheils seinen spätern ganz unähnlich, und können den Stempel der Vollkommenheit an sich nicht haben.

Seine Werke können zur bessern Uebersicht in 11 verschiedene Klassen eingetheilt werden. Zur ersten rechnen wir die d r a m a t i s c h e n. Mozart schrieb 9 italienische Opern, – und 3 teutsche.

- *La finta semplice, opera buffa* für Kaiser Joseph 1768
- *Mitridate, opera seria* für Mayland; im Jahr 1770
- *Sulla,* – – – – 1772
- *Giardiniera, opera buffa* für Kaiser Joseph im Jahr 1774
- *Idomeneo, opera seria* für München im J. 1780
- *Figaro, opera buffa* für Wien im J. 1786
- *Don Giovanni, opera buffa* für Prag 1787
- *Cosi fan tutte, opera buffa* für Wien 1790
- *La Clemenza di Tito, opera seria* für Prag 1791

Teutsche Singspiele:
- Die Entführung aus dem Serail für Wien 1782
- Der Schauspieldirektor ein kleines Singspiel für den Kaiser Joseph nach Schönbrunn im Jahre 1786
- Die Zauberflöte für das Theater Schikaneders 1791

Idomeneo ist eines seiner größten, und gedankenreichesten Werke; der Stil ist durchgehends pathetisch und athmet heroische Erhabenheit. Da er diese Opera für große Sänger und für eines der besten Orchester von Europa schrieb, so fühlte sein Geist keinen Zwang, und entfaltete sich darinn am üppigsten. Aber Idomeneo muß besser aufgeführt werden, als es zu Prag vor einigen Jahren in Sommer geschah, wo ihn der Opern-Unternehmer im eigentlichen Verstande prostituirte. Es war ein drolligter Gedanke eine der größten Opern ohne Sängerinnen und Orchester aufzuführen. Denn beydes fehlte, und ward durch Substituten ersetzt. Auch hüte man sich diese Opera, so wie jede von Mozart nach mittelmäßigen Klavierübersetzungen zu beurtheilen!

Figaro wird von Musik-Kennern am meisten geschätzt; wahr ist es, daß Mozart bey ihrer Ausarbeitung am fleißigsten studirt habe. An Gedanken-Reichthum gleicht sie dem Idomeneo, an Originalität weicht sie keiner andern.

Don Juan ist anerkannt das größte Meisterstück seines Genies – die höchste Kunst mit der größten Anmuth ist darinn in lieblicher Eintracht gepaart. Die Rolle des Leporello ist das erste Meisterstück des Komischen – das Muster für alle Opernkomponisten.

Cosi fan tutte oder die Schule der Liebenden ist die l i e b l i c h s t e und scherzhafteste Musik voll Charakter und Ausdruck.

Die Finalien sind unübertrefflich. Wenn man den schlechten Text dieser Oper betrachtet, so muß man über die Fruchtbarkeit seines dichterischen Genies erstaunen, das fähig war ein so trockenes, einfältiges Sujet zu beleben und solche Schönheiten hervor zu bringen. Es ist schon bemerkt worden, daß er in der Wahl des Buches nicht frey war.

La Clemenza di Tito wird in ästhetischer Hinsicht, als schönes Kunstwerk, für die vollendeteste Arbeit Mozarts gehalten. Mit einem feinem Sinne faßte Mozart die Einfachheit, die stille Erhabenheit des Charakters des Titus, und der ganzen Handlung auf, und übertrug sie ganz in seine Komposition. Jeder Theil, selbst die gemäßigte Instrumentalparthie trägt dieses Gepräge an sich, und vereinigt sich zu der schönsten Einheit des Ganzen. Da sie für ein Krönungsfest, und für zwey ganz eigends dazu angenommene Sänger aus Italien geschrieben war, so mußte er nothwendig brillante Arien für diese zwey Rollen schreiben. Aber welche Arien sind das? Wie hoch stehen sie über dem gewöhnlichen Troß der Bravour-Gesänge?

Die übrigen Stücke verrathen überall den

großen Geist aus dem sie gefloßen. Die letzte Scene oder das Finale des 1ten Aktes ist gewiß die gelungenste Arbeit Mozarts, ja wohl aller dramatischen Tonsetzungen; A u s d r u c k , C h a r a k t e r , E m p f i n d u n g , wetteifern darinn den größten Effekt hervorzubringen. Der Gesang, die Instrumentation, die Abwechslung der Töne, der Wiederhall der fernen Chöre – bewirkten bey jeder Aufführung eine Rührung und Täuschung, die bey Opern eine so seltene Erscheinung ist. Unter allen Chören, die ich gehört habe, ist keiner so fließend, so erhaben und ausdrucksvoll, als der Schlußchor im 2ten Akte; unter allen Arien, keine so lieblich, so voll süßer Schwermuth, so reich an musikalischen Schönheiten, als das vollkommene Rondo in F, mit dem oblig: Baßethorne, *Non piu di fiori* im 2ten Akte. Die wenigen instrumentirten Rezitative sind von Mozart, die übrigen alle – was sehr zu bedauern ist, – von einer Schülerhand.

Die Oper, die jetzt noch immer mit Entzücken gehört wird, gefiel das erstemal bey der Krönung nicht so sehr, als sie es verdiente. Ein Publikum, das vom Tanz, von Bällen und Vergnügungen trunken war, in dem Geräusche eines Krönungsfestes, konnte freylich an den einfachen Schönheiten Mozartscher Kunst wenig Geschmack finden.

U n t e r   d e n   t e u t s c h e n   S i n g s p i e l e n zeichnet sich die Entführung aus dem Serail an Empfindung und Schönheit des Gesanges aus. Man sieht es ihr an, daß sie bald nach Idomeneo gedichtet ward.

Das kleine Singspiel, der S c h a u s p i e l d i r e k t o r ist blos ein Gelegenheitsstück für den kaiserl. Hof in Schönbrunn. Was soll ich von der Z a u b e r f l ö t e sagen? Wer kennt sie in Teutschland nicht? Giebt es ein Theater, wo sie nicht aufgeführt ward? Sie ist unser Nationalstück. Der Beyfall den sie überall – überall erhielt, von dem Hoftheater an, bis zu der wandernden Bühne des kleinen Marktfleckens, ist bisher ohne Beyspiel. In Wien wurde sie nur im 1ten Jahre ihrer Erscheinung mehr als h u n d e r t m a l aufgeführt.

D i e 2 t e K l a s s e seiner Werke begreift die Kompositionen fürs Klavier. Darunter glänzen am meisten die Klavierkonzerte, worinn Mozart ohne Nebenbuhler den ersten Rang behauptet. Hier, so wie in vielen andern Fächern war er Erfinder einer neuen Gattung. Diese Werke enthalten einen unerschöpflichen Reichthum an den treflichsten Gedanken, die glänzendeste Instrumentation, und erschöpfen fast alle Tiefen des Kontrapunktes.

Die Sonaten aller Art m i t u n d o h n e Begleitung sind in jedermanns Händen. Unter denselben sind die Trio am originellsten geschrieben. Das berühmte Quintett fürs Klavier mit Begleitung einer Oboe, einer Klarinette, eines Waldhornes und Fagottes halten Kenner für sein Meisterstück in Rücksicht der Instrumentation; geschrieben im J. 1784 d e n 30t e n M ä r z . Die vielen V a r i a z i o n e n zeichnen sich durch Reichthum, Manigfaltigkeit und Neuheit vor allen ähnlichen Werken aus. Die letzten, die er

setzte, sind die, über das Lied: E i n W e i b i s t
d a s h e r r l i c h s t e D i n g ; den 15ten März
1791 komponirt. Diese Klasse seiner Werke ist
die zahlreichste.

D i e 3 t e K l a s s e begreift die Sinfonien;
die schönsten davon, die er in den Jahren 1786
bis 1788 schrieb, sind folgende 4: in *D*, *Eb*, *G mol*
und *C* mit der Fuge im letzten Stücke. Alle können den schönsten von H a y d e n an die Seite
gesetzt werden; er entfaltete darinn seine Kunst
der Komposition im höchsten Grade. Die Opernsinfonien sind bekannt und bewundert genug.

Z u r 4 t e n K l a s s e gehören Gelegenheits-Kantaten mit vollstimmiger Begleitung. In
dem Verzeichnisse sind 3 aufgemerkt.

I n d i e 5 t e K l a s s e können die einzelnen Scenen und Arien gerechnet werden, die er
für musikalische Akademien oder für besondere
Sänger schrieb. In dem Verzeichnisse sind 22 solche enthalten, für allerley Stimmen.

6 t e K l a s s e : teutsche Lieder mit Klavierbegleitung allein; in dem Verzeichnisse sind
20 Stücke aufgezeichnet, worunter d i e so bekannte A b e n d e m p f i n d u n g , d a s V e i l c h e n und an C h l o e , so voll Einfachheit,
Ausdruck und Empfindung, k u r z s o
s c h ö n sind, daß man sagen kann, Mozart hätte
blos mit diesem sich unsterblichen Ruhm erworben. Daraus vorzüglich mögen seine Tadler sehen, ob er nicht g r o ß in der Singkomposition
war? Ob er den Worten Leben zu geben, auch
ohne das Rauschen der Instrumente nicht

verstand?

7te Klasse: Konzerte für verschiedene Instrumente schrieb er am seltensten.

In dem Verzeichnisse sind nur folgende angemerkt: 1) Ein Andante zu einem Violinkonzert; 2) Ein Konzert für das Waldhorn. 3) Für die Harmonika; 4) für die Klarinette.

8te Klasse: Violinquartetten und Quintetten. Unter den Quartetten sind die 6, die er Joseph Haydn dedizirte, klassisch. Später im Jahre 1789 im Junius schrieb er 3 konzertante Quartetten für den verstorbenen König von Preußen; nebst diesen ist noch ein einzelnes Quartett aus *D* im Jahr 1786 geschrieben, und eine einzelne Fuge.

Originalquintetten sind in dem Verzeichnisse nur 4 aufgezeichnet; aus *C*, *G mol*, *D dur* und *Eb*. Er schrieb bey seinem Aufenthalte in München 1782 einige Nachtmusiken *à quadro* mit Begleitung 2er Waldhörner, die man füglich als Violinkonzerte betrachten kann – alle diese Sachen sind voll Gedanken und Schönheiten. Ein konzertantes Divertimento für 3 Stimmen, die Violin, Bratsche und das Violoncello ist vorzüglich schön und voll hoher Kunst. Die 2 Duetten für die Violin und Bratsche sind bekannt und beliebt genug.

9te Klasse: Parthien für blasende Instrumente zu Tafel- und Nachtmusiken. Hier in Prag sind mehrere bekannt. Ihre Schönheiten sind bezaubernd, und reißen auch das gefühlloseste Herz hin. Es existirt auch eine Nachtmusik aus 13 blasenden Instrumenten von seiner Arbeit.

10te Klasse: Tanzstücke. Mozart schrieb mehrere Parthien, Menuetten und teutsche Tänze für den Kaiserl. Redouten Saal zu Wien. Wie sehr diese Sachen von seiner Arbeit gesucht wurden, sieht man aus dem Verzeichnisse, wo jeden Karneval eine Menge Menuetten, Teutsche, Walzer und Kontratänze angemerkt sind.

11te Klasse: Kirchenmusik, war das Lieblingsfach Mozarts. Aber er konnte sich demselben am wenigsten widmen. Die Messen, die von ihm übrig sind, wurden bey verschiedenen Gelegenheiten und Einladungen verfertigt. Alle, die wir hier in Prag gehört haben, tragen den Stempel seines Genies. In dem Verzeichnisse ist keine einzige Messe angezeigt – ein Beweis, daß alle, die wir haben, in frühere Zeiten seines Lebens zu setzen sind. Nur ein Graduale auf den Text: *ave verum corpus* hat er im Junius 1791 verfertiget.

Mozart würde in diesem Fache der Kunst seine ganze Stärke erst gezeigt haben, wenn er die Stelle bey St. Stephan wirklich angetreten hätte; er freute sich auch sehr darauf. Wie sehr sein Genie für den hohen Stil des ernsten Kirchengesanges gemacht war, beweiset seine letzte Arbeit, die Seelenmesse, die gewiß alles übertrifft, was in diesem Fache bisher ist geleistet worden, und nicht so bald übertroffen werden wird.

Nebst diesen Gattungen seiner Werke hinterließ er 10 *Canoni* blos für Singstimmen; und zwar 8 vierstimmige, und 2 dreystimmige, sowohl komische, als ernsthafte. Sie sind nicht nur Meisterstücke in der Kunst sondern auch sehr unterhaltend.

Zum Schlusse setzen wir noch eine Anekdote her, die mehr als eine Lobrede sagt. Ein alter italienischer Impressarius einer Operngesellschaft in Teutschland, der es an seiner Kasse zu fühlen schien, daß seit Mozart keine andern Opern, am wenigsten die von welschen Authoren gefallen wollen, pflegte immer, so oft er in seiner Opernregistratur auf eine Oper von Mozart kam, mit einem Seufzer auszurufen: D e r   i s t   m e i n   U n g l ü c k !

Fußnoten:

[19] Anmerkung. Diese Bemerkungen der ersten Ausgabe, sind jetzt beynahe unnöthig, da Mozart gegen seine Nachahmer, die Faßlichkeit und Popularität selbst ist!